Bernhard von Langenbeck

Zur Lazarethfrage

Bernhard von Langenbeck

Zur Lazarethfrage

ISBN/EAN: 9783744663779

Hergestellt in Europa, USA, Kanada, Australien, Japan

Cover: Foto ©ninafisch / pixelio.de

Weitere Bücher finden Sie auf **www.hansebooks.com**

Zur

Lazarethfrage.

Erwiderung

von

Prof. von Dumreicher

an

Prof. von Langenbeck.

WIEN.
Druck und Verlag von Moritz Gans.
1867.

Das unglückliche Loos verwundeter Krieger wird gewiss einer lebhaften und innigen Theilnahme sicher sein, die zwar schon in einem rein menschlichen Zuge unserer Natur ihre Quelle hat, unendlich aber noch gesteigert werden muss, durch das Bewusstsein gemeinsamer Staatsbürgerschaft. Dass dieses edle Mitgefühl aber seine umfassendste Ausdehnung auf alle Schichten der Gesellschaft und auch seinen psychischen Höhepunkt erreicht haben wird, wenn erst einmal die allgemeine Wehrpflicht jedem Staate des Kontinents ein „Volk in Waffen" gegeben hat, das kann mit sicherster Berechnung vorhergesagt werden.

Und in der That erfreut sich heutzutage die Feldsanitätspflege nicht nur in fachmännischen Kreisen allein eines lebhaften und selbstproduktiven Interesses, denn ein Laie, Henry Dunant, war es, der zuerst jene menschenfreundlichen Bestrebungen anregte, deren erfreulichen Ausdruck wir in der Genfer Konvention erblicken.

Solche kosmopolitisch-humane Tendenzen geben ein ehrendes Zeugniss von der Bildung unseres Jahrhunderts und lassen um so Grösseres von den Gesinnungen des ärztlichen Standes erwarten, dem doch vor Allem die schöne Aufgabe geworden, inmitten der barbarischen Gräuel des Krieges, die edle Gesittung der modernen Welt zu vertreten.

Die Kontroverse, welche Hr. v. Langenbeck über meinen am 30. November 1866 in der k. k. Gesellschaft der Aerzte gehaltenen Vortrag in der „Norddeutschen Allgemeinen Zeitung" ddo. 5. und 6. März 1867 zu eröffnen für angemessen erachtet hat, ist daher berechtigt, die Aufmerksamkeit des ärztlichen und nichtärztlichen Publikums in höherem Grade in Anspruch zu nehmen, als es der Fall sein würde, wenn es sich nur um persönliche Verdienste oder Missgriffe handelte, nur darum, ob Prof. v. Langenbeck Recht behalten soll, oder Prof. v. Dumreicher. Allein so enge sind die Grenzen des Streites nicht gezogen; es kommen vielmehr Fragen in Erörterung, welche nicht nur über das Gebiet persönlicher Empfindlichkeit und konkreter Standesaussprüche hinausreichen, sondern auch sachlich und fachlich über die Grenzen der böhmischen Schlachtfelder und Lazarethe hinausgehen, indem sie eine befriedigende, endliche Erledigung nur in der Lösung jener civilisatorischen Aufgaben finden können, wofür die Genfer-Konvention einen sehr wichtigen, wenngleich ungenügenden Schritt gethan hat, und welche insolange ein frommer Wunsch bleiben muss, als man noch nicht dahin gelangt sein wird, die militärisch-sanitären Anforderungen und Ansprüche unserer Zeit und Wissenschaft in harmonischen Einklang zu bringen mit den durchgreifenden Umgestaltungen, welche die Heeresorganisation und die gesammte Kriegstechnik bereits erfahren haben und in ruheloser Fortbildung noch erleiden werden.

Was in dem angeregten Streite **Persönliches** liegt, muss zwar erledigt werden — es ist das Nächste aber dennoch nur ein Nebensächliches, **denn das Wohl der Verwundeten ist es, was hiebei vor Allem das Interesse der Aerzte wie der Nichtärzte erregt.** Selbstverständlich versuche ich es nicht, die angedeuteten grossen Fragen in der vorliegenden kleinen Flugschrift lösen zu wollen, aber ich muss jeden geneigten Leser ersuchen, sich fortan gegenwärtig zu halten, dass jede Auseinandersetzung, wenngleich in ihrem Ausgangspunkte persönlichen Charakters — **was nach v. Langenbecks Angriffen nicht mehr meine freie Wahl ist** — sich nach zwei Seiten sachlich ausbreitet, einmal über das, was auf dem böhmischen Kriegsschauplatze in den Lazarethen geleistet und versäumt wurde, und dann über die Anforderungen, welche Humanität und Wissenschaft an die feldärztliche Zukunft zu stellen berechtigt sind.

Mein Vortrag in der Gesellschaft der Aerzte am 30. Nov. v. J. war nicht das Ergebniss bequemer Mussestunden, noch vollends irgend einer unkollegialen Feindseligkeit oder Tadelsucht, indem ich vielmehr die verdienstvollen Leistungen der Herren Langenbeck, Wilms, Middeldorpf, Bardeleben, Busch u. a. preussischer Kollegen freudig anerkannte und noch anerkenne — er war eine Pflichterfüllung gegenüber meinen Kollegen in Wien, welche beanspruchen durften, dass ich ihnen Mittheilungen mache über das, was ich beobachtet, erfahren und erlebt hatte — Gutes und Schlimmes, Zweckmässiges und Verkehrtes, Tadelswerthes und Nachahmungswürdiges. — Dieser befehdete Vortrag war in jeder Hinsicht der Ausfluss meiner besten Ueberzeugung, und diese sagte mir, dass ich eine heilige Pflicht gegen die Verwundeten und eine Ehrenpficht gegen die Kollegen hiemit zu erfüllen hatte; sie sagte mir aber ferner, dass jedes Verhüllen des Sachverhaltes dieser Pflicht in's Gesicht schlagen würde. Uebrigens wäre in diesem Falle die so sehr gewünschte Verschleierung der Wahrheit nicht durchführbar gewesen, da in dieser Versammlung Zeugen gegenwärtig waren, die mit mir in den Lazarethen die berührten Missstände gesehen, Zeugen, die zur Beseitigung derselben seit unserer Uebernahme mit aufopfernder Thätigkeit gewirkt hatten.

Der Eingang des Artikels des Herrn v. Langenbeck lautet:

„Die „Wiener Allgemeine Militärärztliche Zeitung" 1866 Nr. 49, 50, enthält einen Vortrag des Professors von Dumreicher, in welchem derselbe der Gesellschaft der Wiener Aerzte über den Zustand der Verwundeten-Spitäler in der Umgebung des Schlachtfeldes von Königgrätz Bericht erstattet. Ungeachtet der masslosen Angriffe, welche unsere Lazarethpflege in diesem Vortrage erfährt, würde es mir nicht eingefallen sein, auf denselben etwas zu erwidern, weil ich gefürchtet haben würde, meine militärischen Kollegen zu beleidigen, wenn ich es gewagt hätte, sie gegen Invektiven in Schutz zu nehmen, welche zu offenbar den tendenziösen Charakter tragen, und weil den Mittheilungen des Herrn v. Dumreicher jede wissenschaftliche Bedeutung abgeht. Die Widerlegung dieser Angriffe könnte füglich den zahlreichen österreichischen Verwundeten überlassen werden, welche in jenen Lazarethen von uns verpflegt worden sind, und den fremdländischen Aerzten, welche unsere Lazarethpflege mit Interesse verfolgt haben. Zu meinem Leidwesen aber ist durch eine, in Nr. 5 dieser Zeitung veröffentlichte „Abwehr" die Diskussion über diese Angelegenheit in unsere Tagesblätter übergegangen, und es könnte diese etwas allgemein gehaltene „Abwehr" bei Denen, welche den von Dumreicher'schen Vortrag selbst nicht gelesen, leicht die Besorgniss aufkommen lassen, dass seine Ausstellungen dennoch nicht ganz unbegründete seien. Lediglich, um einer solchen Besorgniss entgegen zu treten, werde ich es versuchen, dieselbe zu beleuchten und den Beweis zu liefern, dass Herr v. Dumreicher weder befähigt noch berechtigt war, über unsere Lazarethpflege in Böhmen ein Urtheil, geschweige denn ein tadelndes Urtheil zu fällen."

Hört! Ein lobendes Urtheil bleibt uns also noch gnädigst gestattet; allerdings, wenn das preussische Lazarethwesen in gleicher Höhe stünde mit der Anmassung des Herrn v. Langenbeck, hätten wir nichts nöthig, als an der Spree zu sehen, zu lernen und zu bewundern.

Herr von L. sagt weiter:

„Der Vortrag selbst, der sich der genialen Kürze eines chirurgischen Touristen befleissigt, und nur drei grossgedruckte Quartseiten der „Wiener Militärärztlichen Zeitung" einnimmt, bildet ein so buntes Durcheinander von administrativen Bestrebungen und ärztlichen Wahrnehmungen, dass eine geordnete Analyse desselben kaum möglich ist.

Herr von Dumreicher — Professor an der Wiener Hochschule — erhielt nach Beendigung des Krieges von seiner Regierung den Auftrag: „Die in den Festungen Königgrätz und Josephstadt und in den feindlichen Lazarethen befindlichen k. k. österreichischen Verwundeten zu besuchen, die sanitätsbehördlichen Massregeln einzuleiten und diesbezüglich entsprechende Anträge zu stellen, zugleich aber den ärmsten Bewohnern im Bereich des Kriegsschauplatzes Hilfe zu bringen."

Dieses Kommissorium war gewiss ein sehr ehrenvolles, um so mehr, als es die höchste Leistungsfähigkeit voraussetzt. Wir, wie Herr von Dumreicher im Vortrage zeigt, viel weniger leistungsfähigen Preussen, würden das anders, und zwar weit schwerfälliger gemacht haben. Wahrscheinlich würden wir einen Regierungsbeamten ausgesandt haben, um den Nothstand der Einwohner zu mindern, einen Feldlazareth-Direktor, um die zur Uebernahme der Verwundeten erforderlichen Massregeln zu treffen, endlich vielleicht noch einen Fachchirurgen, um nach den Verwundeten zu sehen. Man sieht hieraus, dass Herr v. Dumreicher Recht haben kann, wenn er behauptet, dass zwei österreichische Militärärzte dasselbe leisten, und zwar weit besser, was fünfzehn preussische Aerzte zuvor zu leisten vergeblich versucht hatten. S. 428.""

Ich antworte: Mein Vortrag nahm die Zeit von mehr als

einer Stunde in Anspruch, allein nur kurze Auszüge von ein paar Seiten in der „Wiener Militärärztlichen Zeitung" und eine Kolonne in der „Wiener Medizinischen Wochenschrift" benützt Herr v. Langenbeck als Grundlage seiner Angriffe und Beweisführung, wogegen er das Protokoll in der „Wochenschrift der k. k. Gesellschaft der Aerzte", welche meinen Vortrag im gedrängten Auszuge gibt, seiner Aufmerksamkeit nicht würdig erachtete, obgleich, wie natürlich dieses Blatt mehr Anspruch auf Authentizität machen könnte, als die flüchtigen Berichte gedrängter Reporters. Dieses Versäumniss ist um so tadelnswerther, als die Referate der einzelnen Wiener Fachblätter sich schon durch den materiellen Inhalt von einander unterscheiden; und das allein hätte Herrn v. Langenbeck bei einigem guten Willen darauf aufmerksam machen können, dass er mit einer zurückhaltenderen Kritik ebenso einer Forderung des Anstandes als der Klugheit nachgekommen wäre.

Ein Mann in reifen Jahren sollte sich sagen, dass er aus kleinen Bruchstücken eines Vortrages nicht berechtigt sei zu erklären:

„dass der Vortrag sich der genialen Kürze eines chirurgischen Touristen befleissige und ein buntes Durcheinander von administrativen Bestrebungen und ärztlichen Wahrnehmungen bilde, und eine geordnete Analyse desselben kaum möglich sei."

Aber selbst diesen ungenügenden Auszügen meines Vortrages konnte Herr v. Langenbeck entnehmen, dass ich nicht bloss Tadel aussprach, sondern der Lazarethe in Pardubitz, Nedelist, Horcenoves, Cerekwic und Nachod lobend gedachte; — die Aerzte in diesen Lazarethen waren auch preussische Aerzte, — dass ich endlich die vollste Anerkennung dem edlen Wirken der Johanniter-Ritter zollte.

Wenn aber Herr v. Langenbeck mir die Befähigung und Berechtigung abspricht, ein lobendes oder tadelndes Urtheil über Spitäler überhaupt, und Spitäler für Verwundete insbesondere abzugeben, so zeigt er eine krankhafte Selbstüberhebung und einen dünkelhaften Uebermuth, welche nur Bedauern erregen können.

Mein Wirken als Arzt und Lehrer durch 26 Jahre in dem grössten Krankenhause der Länder deutscher Zunge, an der Fakultät, an der die Wiener Schule in unserer Wissenschaft eine neue Aera eröffnete, überlasse ich mit dem Bewusstsein erfüllter Pflicht den Tausenden meiner Schüler in Oesterreich und Deutschland, die nun selbstständig den Beruf als Lehrer und Aerzte üben — ich fand deren auch unter den preussischen Militärärzten — und bin überzeugt, dass die ehrenhaften Kollegen, die Herrn v. Langenbeck und mich in unserem Wirken kennen, die Leidenschaftlichkeit des Artikels, der seiner in der Wissenschaft geachteten Feder in einer unbewachten Stunde entglitten, aufrichtig bedauern müssen.

Bevor ich auf das Thatsächliche übergehe, muss ich noch in Kürze eines Aufsatzes gedenken, welcher unter der Aufschrift „Abwehr" in der „Norddeutschen Allgem. Zeitung" Nr. 5 erschien; derselbe wurde in Wien, weil dieses Blatt hier zufällig wenig verbreitet ist, erst durch den Sensations-Artikel des Herrn v. Langenbeck bekannt, und dieser Umstand trägt allein die Schuld, dass ich den in einem anständigen Tone gehaltenen Aufsatz nicht der Sache gemäss und in objektiver Weise beantwortet habe.

Gegenwärtig bin ich durch den Ton und die Form des Auftretens des Herrn v. Langenbeck gezwungen, die Schäden des Lazarethwesens, wie ich sie beobachten konnte, um der Wahrheit gerecht zu werden, so wie zur Wahrung meiner Ehre als Fachmann, der Oeffentlichkeit unverschleiert darzulegen.

Der Standpunkt, welchen ich einnahm, als ich mein Urtheil über den Zustand der Lazarethe in preussischer Pflege fesstellte, und dieses Urtheil, wurden durch die Zeit, in der dieselben beobachtet wurden und durch mannigfaltige Verhältnisse bedingt; jedenfalls wird dasselbe unmittelbar oder kurze Zeit nach der Schlacht ein sehr mildes sein müssen, wenn es nicht ungerecht werden soll.

Die Lazarethe, über welche ich sprach, waren mit Verwundeten von den Treffen bei Skalitz und Trautenau am 27., von Trautenau und Schweinschädl am 28., von Königinhof und Gitschin am 29. Juni und von Königgrätz am 3. Juli belegt.

Allein erst am 9. August, also mehr als fünf Wochen nach der Schlacht von Königgrätz begann mein Besuch der Lazarethe, und diese erste Bereisung war am 20. August, d. i. einen Tag weniger als sieben Wochen nach der letzten Schlacht beendet und die Uebernahme begann am 25. August, somit in der achten Woche.

Die Belegräume waren in der Mehrzahl zweckentsprechende, und günstig gelegene; die Zahl der Aerzte mehr als hinreichend, und ihre Befähigung entsprach dem ausgezeichneten Unterrichtssysteme des Landes, in welchem sie ihre Ausbildung erlangt hatten; die Diakonissen und barmherzige Schwestern waren vom regsten Pflichteifer beseelt, und andere freiwillige Krankenpflegerinnen wetteiferten mit denselben in der Pflichterfüllung, ausserdem stand eine hinreichende Zahl von Wärtern zur Verfügung; die Beistellung von Lebensmitteln wurde durch die nicht selten rücksichtslosen Requisitionen sichergestellt, und die Lazarethe erfreuten sich zudem der fürsorglichen Beihülfe der Johanniter-Ritter, die über Bedürfnisse und Luxusartikel im reichsten Masse verfügten und selbstthätig bemüht waren, jedem ausgesprochenen Wunsche nachzukommen.

Alle Bedingungen zu einer guten Lazarethpflege waren mithin gegeben.

Herr v. Langenbeck verfolgt meine Reise in der „Militärärztlichen Zeitung" und übergeht meinen Bericht über den Befund des Lazarethes in Pardubitz, weil ich daselbst die österreichischen Verwundeten in der Pflege der preussischen Oberstabsärzte, der Herren DDr. Wuttig und Lotsch gut besorgt fand.

Am 9. August besuchte ich das Spital in Rosnic (in österreichischer Pflege) und die Lazarethe in Vsestarz, Nechanic und Hradek, am 10. die Lazarethe in Nedélist, Cerekvic und Horzic. Herr von

Langenbeck traf mich nicht in der Behausung eines Arztes, wie er angibt, sondern ich besuchte ihn gleich nach meiner Ankunft in seiner Wohnung, wohin mich die Herren Dr. Freiherr von M u n d y, k. k. Regimentsarzt, Dr. M o s e t i g, Dozent der operativen Chirurgie an der Wiener Universität, Dr. K a l t e n b a c h begleiteten und aufmerksame Zeugen dieser ersten Unterredung, und einer fortgesetzten Besprechung im Hause des Herrn Dr. L e v i t waren, welcher auch Herr Dr. S k o d a, Statthalterei- und Landesmedizinalrath von Böhmen, ebenfalls beiwohnte.

Herr von Langenbeck schildert in seinem Angriffe diese Unterredung in folgender Weise:

„„Hier theilte mir derselbe in einer längeren Unterredung, in der Behausung eines dortigen Arztes mit, dass er in Bezug auf die Lazarethpflege bereits traurige Erfahrungen gemacht habe. Ich erwiderte, dass man in Bezug auf äussere Ausstattung den Massstab der Friedensspitäler niemals an Feldlazarethe legen dürfe, und dass sein Urtheil nur dadurch erklärlich sei, dass er Feldlazarethe nie zuvor gesehen habe; die eigentliche Lazarethpflege müsse ich zur Zeit für eine vorzüglich gute erklären. Herr v. D u m r e i c h e r erwiderte, er wolle zugeben, dass die von Zivilärzten versehenen Lazarethe sich in gutem, und nur die Militärlazarethe sich in schlechtem Zustande befänden; auch habe er seinen Tadel nur auf Vsestarz bezogen, wo er den Stabsarzt auf einem Spazierritte abwesend und Studenten beschäftigt gefunden habe, die Verwundeten zu verbinden oder vielmehr zu quälen. Ich entgegnete, dass er sich wiederum im Irrthume befinde, indem alle unsere Feldlazarethe ausschliesslich unter der Oberleitung von Militärärzten ständen. Was den Spazierritt des Stabsarztes in Vsestarz betreffe, so würden die erdfahlen Gesichter aller unserer Aerzte ihn leicht erkennen lassen, dass für die Erhaltung ihrer schon zu sehr geschädigten Gesundheit eine tägliche Bewegung im Freien, in den vom Hospitaldienst nicht in Anspruch genommenen Nachmittagsstunden zur Nothwendigkeit geworden sei. Die zweite Behauptung dagegen müsse ich entschieden für unrichtig erklären, da die Verwundeten in Vsestarz von Studenten nicht verbunden würden, und preussische Studenten, von denen übrigens sehr viele sich mit rühmlichster Aufopferung an der Lazarethpflege betheiligt hätten, überhaupt nicht fähig seien, Verwundete zu quälen.

In seinem Vortrage — S. 426 — schildert Herr v. D u m r e i c h e r diese Episode anders, „in Vsestarz" verbanden Krankenwärter die schwer Verwundeten, wobei diese so vor Schmerz heulten, dass ich den Ort verlassen musste. Es war schon der zweite Arzt da, der erste soll es noch ärger getrieben haben (als die Krankenwärter?!) er befasste sich mit der Jagd und war bei den Kranken nicht zu sehen."

Hiedurch ist mir der Eindruck geworden, als wenn die Schilderung der angeblichen Vorgänge in Vsestarz eher der Mittheilung einer böhmischen Frau als der Wahrnehmung des Herrn v. D u m r e i c h e r entsprungen sein müsse. Denn es ist nicht anzunehmen, dass ein erfahrener Mann die schwersten Angriffe auf die Ehre seines Standes in ganz verschiedener

Weise hätte erzählen können, wenn er die denselben zu Grunde gelegten angeblichen Thatsachen aus eigener Anschauung gekannt hätte."

Ich kann nicht umhin die angeführten Angaben des Herrn von Langenbeck über unsere Unterredung durch die Aussage vollgültiger Zeugen richtig zu stellen. Diese sind: Dr. Skoda, Landesmedizinalrath von Böhmen, Dr. Freiherr v. Mundy, k. k. Regimentsarzt, Dr. Mosetig, akademischer Dozent und Dr. Kaltenbach, welche folgende Erklärung abgegeben:

„Die Unterzeichneten, welche vom Herrn Hofr. v. Dumreicher ersucht wurden, der Wahrheit gemäss die Unterredungen, die mit dem Hrn. Geh.-R. v. Langenbeck in Horic am 10. Aug. 1866 in der Wohnung des Letzteren und sofort in jener des Hrn. Dr. Levit in Gegenwart der Unterzeichneten geführt wurden, wieder zu geben, erklären hiemit sich derselben dem Sinne und auch dem Wortlaute nach genau zu erinnern, und Folgendes wahrheitstreu zu bestätigen:

Nach kollegialer beiderseitiger Begrüssung und einer Exposition der eigentlichen Mission des Hrn. Prof. v. Dumreicher erzählte dieser dem Hrn. Geh.-R. v. Langenbeck, dass er im letzten Jahre 4 Uranoplastiken vollführt habe, und zollte dem Hrn. Geh.-R. für seine Leistung die wärmste Anerkennung. Ueber die Erfolge der operativen Eingriffe sagte der Hr. Geh.-R. v. Langenbeck wörtlich, über Horic sprechend, was folgt:

„**Wir sind sehr betrübt und mit unseren Resultaten nicht glücklich gewesen.**"

Auf die Anfrage des Hrn. Geh.-R. v. Langenbeck, welche Lazarethe Prof. v. Dumreicher gesehen habe, sprach sich dieser lobend über Nedelist und Cerekwic aus, theilte aber mit Bedauern den trostlosen Zustand von Vsestarz mit, und bat den Hrn. Geh.-R. v. Langenbeck durch seine Vermittlung um Abhilfe. Hier ging Prof. v. Dumreicher in seiner Schilderung auf die von uns gesehenen Einzelheiten ein.

Hr. Geh.-R. v. Langenbeck erwiderte mit den Worten: „**Hören Sie, das wäre schrecklich, wenn es so stünde! — Wo ist Vsestarz? Ich möchte es doch sehen. —** Ich wirke nur als Konsulent und Operateur, den Einfluss auf die Administration der Lazarethe, welchen Sie haben, können wir bei unseren Einrichtungen nicht gewinnen."

Das Gespräch bewegte sich in der freundschaftlichsten und kollegialsten Weise.

Die in der Nummer 54 der „Norddeutschen Allgemeinen Zeitung" über Vsestarz angeführten Aeusserungen des Herrn Geh.-R. v. Langenbeck haben wir nicht vernommen."

Diese Erklärung beweist zur Genüge, dass Herr v. Langenbeck in diesen Unterredungen nicht in die bedenkliche Lage kommen konnte, mich belehren zu wollen, und dass daher jenes Traumgebilde selbstbewusster Ueberhebung erst auf heimischem Boden entstanden sein musste. Auch darf Herr v. Langenbeck überzeugt sein — die Personen, die mich kennen, sind es — dass ich solchen Aeusserungen gegenüber, ohngeachtet aller Achtung für meinen Fachgenossen, mit Entschiedenheit entgegengetreten wäre.

Wenn Herr v. Langenbeck, wie er behauptet, mir mittheilte, dass alle Lazarethe unter militärischer Obhut ständen, beweist er jetzt noch Unkenntnis über die thatsächlichen Verhältnisse, denn das Lazareth in Sveti leitete ein Zivilarzt, das Lazareth im Schlosse zu Nachod besorgten die Assistenten Middeldorpf's, das Lazareth in Trautenau leitete Professor Volkmann. Die Herren Geh.-Rath Dr. Wilms, Dr. Finke, Dr. Wilde und Andere hatten mit den Pflichten, die sie übernommen, in der Kriegszeit die Uniform getragen, bleiben aber desshalb doch Zivilärzte. In Betreff des scheinbaren Widerspruches, dessen Hr. v. Langenbeck mich zeihen will, antworte ich: Nicht das ist entscheidend, ob Diejenigen, welche die Verwundeten verbanden, Studenten waren, welche man als Krankenwärter verwendete, oder aber einfache Krankenwärter, welche keine Studenten waren, sondern darin gipfelte mein Bedenken, dass man mit dem berührten Geschäfte Männer betraute, denen theils das erforderliche Wissen, theils die Erfahrung und Uebung mangelten; ich hätte aber meinen Worten bei der Unterredung treu bleiben, und der Meinung des Hrn. v. Langenbeck keine Beachtung schenken sollen, denn der k. k. Oberarzt, Dr. Reder, fand bei der Uebernahme des Lazarethes in Vsestarz Doktoranden, i. e. Studenten*).

Ich bin überzeugt, dass die preussischen, wie unsere Studenten sich an der Lazarethpflege mit rühmlicher Aufopferung betheiligt haben, und unter der Leitung eines erfahrenen Arztes sehr gute Dienste leisten können, — der Ehre derselben trete ich nicht nahe, wenn ihre opferwillige Thätigkeit zur unbeholfenen und quälenden **dadurch** wird, dass man denselben Hilfeleistungen überträgt, für deren schonende und zweckentsprechende Ausführung die Uebung, die Kenntniss und Erfahrung noch nicht erworben sind.

Würde Hr. v. Langenbeck seinen durch einen Schuss zertrümmerten Oberschenkel der Besorgung einiger Studenten anvertrauen wollen, die sich zum Dienste im Feldlazareth gemeldet haben?

Wie dem auch sei! — „Das pflichtwidrige Gebahren des Stabsarztes bleibt aufrecht und ist durch den Zusand des Lazarethes**) bewiesen, nicht minder war meine Bitte an Hrn. v. Langenbeck um Abhife begründet, und mein Urtheil über den Zustand des Lazarethes in Vsestarz berechtigt, denn die Schilderung der traurigen Zustände desselben war nicht der Mittheilung „**einer böhmischen Frau**" entnommen, sondern am 9. August Morgens 10 Uhr durch meine Begleiter und mich wahrheitsgetreu festgestellt worden. Was soll man endlich von der Wahl des Ausdruckes sagen, der jedenfalls an **Tasso's Wort** erinnert, „**der Pfeil des Schimpfes kehrt auf den Mann zurück, der zu verwunden glaubt.**"

Meine Begleiter waren Dr. Skoda Landesmedizinal-Rath von Böhmen, Dr. Zaborski k. k. Stabsarzt (im Range gleich den k.

---
*) Siehe Bericht Seite I.
**) Siehe Bericht Seite I u. II.

preuss. Generalärzten), Dr. Freihr. v. Mundy, k. k. Reg.-Arzt, Dr. Mosetig, akad. Dozent, Dr. Pichler, Dr. Kaltenbach, die Mitglieder des patriotischen Vereines in Wien, Herr Baron Gorup Besanez, k. k. Rittmeister a. D. Hr. Rohrwek, k. k. Oberlieutenant a. D. und Hr. Pollak, sie werden bestätigen, dass der Herr Stabsarzt „ob vom erdfahlen Angesichte, wie Herr v. Langenbeck bemerkte," weiss ich nicht, obgleich der Regen in Strömen floss, zur Erholung der angegriffenen Gesundheit auf einem Spazierritte begriffen war, und wir daher in seiner Abwesenheit das Lazareth besuchen mussten.

Herr v. Langenbeck fährt fort:

„Im weiteren Verlaufe unserer Unterredung bemerkte Herr v. Dumreicher, er habe an das k. k. Ministerium in Wien geschrieben, „man müsse sich entschliessen aussergewöhnliche Anstrengungen zu machen, wenn man eine der bisherigen preussischen irgend entsprende Lazarethpflege herstellig machen wolle." Ich danke Herrn von Dumreicher für dieses Bekenntniss, indem unsere Leistungen nicht besser anerkannt werden könnten, als wenn man österreichischer Seits besorgt sei, die Pflege von etwa 1000 Verwundeten nicht mit demselben Erfolg übernehmen zu können, mit welchem wir vor noch nicht langer Zeit mehr denn 20.000 Verwundete gepflegt hatten."

Die Bemerkung, dass ich dem k. k. Ministerium **melden werde**: „Man müsse sich entschliessen, ausserordentliche Anstrengungen zu machen, wenn man eine der bisherigen preussischen entsprechende Verpflegung herstellen wolle", ist **wahr**, der Schluss, den Herr v. Langenbeck aus dieser Aeusserung zu ziehen beliebte, **unrichtig**, denn ich konnte nach Besichtigung von fünf preussischen Lazarethen, von welchen ich eines in sehr vernachlässigtem Zustande fand, noch kein endgültiges Urtheil über 17 Lazarethe abgeben, die ich zu übernehmen hatte, und Herr v. Langenbeck konnte aus meiner Bitte um Abhilfe in Vsestarz, folgerichtig meine Bemerkung nicht als unbedingte Anerkennung des preussischen Lazarethwesens auffassen. Ueber die Art der mit Emphase hervorgehobenen Verpflegung von 20,000 Verwundeten, will ich schweigen — weil ich den Jammer und die Gräuel in jener Zeit nur schildern hörte — nicht selbst sah.

Herr v. Langenbeck erkennt selbst an, dass die mir anvertraute Mission eine sehr ehrenhafte war und die höchste Leistungsfähigkeit voraussetzt. Eine verständige Beurtheilung wird es begreiflich finden, dass ich für die ehrenvolle Lösung meiner Aufgabe besorgt sein musste, zumal, wenn man **die schwierigen Verhältnisse** berücksichtigt, unter welchen **ich** die Lazarethe **in unsere Pflege** zu übernehmen hatte.

In der preussischen Pflege wurden die Lazarethe mit allen Bedürfnissen und Luxusartikeln von den Johannitern versehen; die Lebensmittel wurden ohne Ersatz in beliebiger Menge requirirt, der Sieger war im Feindeslande Herr und Meister und herrschte über die Besiegten.

Zur Zeit der Unterredung mit Herrn v. Langenbeck hatte ich keine Zusage von Seite der Johanniter-Ritter in Betreff der Ueberlassung von Lazarethgegenständen, die patriotischen Vereine von

Prag und Wien waren ferne, die Kommunikation in den Händen des Feindes, der österreichische Bevollmächtigte konnte im eigenen, durch die Geissel des Krieges ausgesogenen Lande nicht Lebensmittel mit Machtspruch requiriren. Die kaiserl. Regierung hatte es daher fachgemäss und praktisch befunden, mir eine doppelte Mission zu geben, sowohl für die einzuleitenden sanitären Massregeln Anträge zu stellen, als auch den ärmsten Bewohnern im Bereiche des Kriegsschauplatzes Hilfe zu bringen, indem sie die Wirkung und Rückwirkung nicht verkannte, welche nach einem schweren Kriege zwischen dem Auftreten epidemischer Krankheiten einerseits in den Spitälern der Verwundeten, und andererseits unter der durch die Beschwernisse des Krieges verkümmerten Bevölkerung erfahrungsgemäss stattfindet.

Armselig, läppisch inhuman ist daher jener „Ammenwitz", mit dem der Herr Geheimrath im spätern Verlaufe seines Artikels sein Lesepublikum zu erheitern vermeint, ohne herauszufühlen, dass er zugleich den guten Geschmack desselben verdächtigt, und dessen Mitgefühl an den schweren Leiden unschuldiger Menschen in Frage stellte. Fürwahr, der Hohn, mit welchem Herr v. Langenbeck diese humanen Bestrebungen der kaiserlichen Regierung behandelt, ziemt sich nicht für den gebildeten Arzt noch für den Militärarzt; denn der Arzt soll unter allen Verhältnissen Träger der Humanität sein, und bleiben. **Das Elend, das jetzt noch den Winter hindurch, ohngeachtet so vieler milder Spenden die Bevölkerung jener Gegenden bedrückte, rechtfertigt das von mir befürwortete, von Herrn v. Langenbeck verhöhnte Ammensystem.**

Ich kehre zu meiner Rundreise zurück. An dem Tage der Unterredung mit Herrn v. Langenbeck hatte ich die Lazarethe von Nedelist unter der Leitung des Stabsarztes Dr. Wilde und in Cerekwic unter der Leitung des talentvollen Geheimrathes Dr. Wilm's besucht. Ich fand in diesen Lazarethen die Ansichten in Betreff der Behandlung der Verletzungen, insbesondere der Schussfrakturen vertreten, welchen ich beipflichte, war erfreut über die auffallend günstigen Erfolge im Vergleiche zu jenen, welche ich in den früher besuchten Lazarethen gefunden hatte, und hoffte, dass ich die Mehrzahl der preussischen Lazarethe eben so gut geleitet finden würde; eine Meinung, die sich in dieser Weise nur noch in dem Lazarethe in Horcenoves unter der Leitung des Herrn Stabsarztes Dr. Finke bewährte, in welchem Fräulein von Melleutin, die schon in Schleswig als Wohlthäterin für unsere österreichischen Verwundeten wirkte, die Pflege überwachte; **wie ich denn auch die ausgezeichneten Leistungen in diesen Lazarethen in meinem Vortrage aus innerer Ueberzeugung mit der verdienten Anerkennung besprochen habe.**

Der Besuch dieser Lazarethe erregte in mir die Meinung, dass die Mehrzahl der preussischen Lazarethe sich in ebenso intelligenten und opferwilligen Händen befinden würde, aber leider fand ich mich in meinen Erwartungen getäuscht.

Herr v. Langenbeck sagt ferner:

„Was die Zahl der österreichischen Verwundeten in den 11 Lazarethen in der Umgebung des Schlachtfeldes von Königgrätz, welche von Herrn v. Dumreicher übernommen wurden, anbetrifft, so enthält der Vortrag Widersprüche.

Er sagt nämlich S. 418: „Ich inspizirte 10 Spitäler mit nahezu tausend Verwundeten", eine Angabe, die mir die richtige zu sein scheint, denn nach den mir vorliegenden Notizen enthielten jene Lazarethe am 11. August 898 verwundete Oesterreicher und Sachsen. S. 420 dagegen sagt er: „In den Lazarethen in preussischer Verwaltung befanden sich 2500 Verwundete von der Mannschaft und 1660 Offiziere." In der „Wiener mediz. Zeitung" — 1866. Nr. 50. S. 401 — welche den v. Dumreicher'schen Vortrag im Auszuge wieder gibt, heisst es sogar, dass der erste Bericht des Herrn v. Dumreicher an die k. k. Kabinets-Kanzlei 10.000 Mann umfasst habe — eine Angabe, die vollkommen richtig sein kann, vorausgesetzt dass die in den Lazarethen Ungarns und Oesterreichs befindliche Anzahl der österreichisshen Verwundeten mit gerechnet ist. Nach meinen Ermittlungen befanden sich am 11. August 1866, also vor der Uebergabe der Lazarethe in Böhmen, in unsern Feld-, stehenden und Reserve-Lazarethen, soweit von denselben Rapporte eingegangen sind, 5678 Preussen und 12.270 Oesterreicher und Sachsen, in Summa 17.948 Verwundete. Rechnet man die noch unbekannte Anzahl der vom 27. Juni bis 11. August an ihren Wunden verstorbenen, so wie die in den Reserve-Lazarethen und in Privatpflege befindlich gewesenen, von denen keine Rapporte eingegangen sind, endlich die nicht geringe Anzahl der vor dem 11. August entlassenen leicht verwundeten österreichischen Offiziere hinzu, so wird man annähernd das Richtige treffen, wenn man die Gesammtzahl aller Verwundeten, welche aus den Schlachten in Böhmen von uns verpflegt wurden, auf etwa 22.000 veranschlagt."

Die so grell abweichenden Angaben der Berichterstatter sollten Hrn. v. Langenbeck aufmerksam machen, dass es, um mich bescheiden auszudrücken, unvorsichtig sei, auf eine so unsichere Grundlage seine Ausführungen zu stützen. Mich selbst hatten die differirenden Angaben veranlasst, an die Redaktionen dieser Blätter die Bitte zu richten, die von mir in meinem Vortrage citirten Zahlen richtig zu stellen. Die Berichtigung erfolgte damals in den nächsten Nummern dieser Blätter, und siehe da! der Setzer hatte nur Nullen zu viel beigesetzt! Die Zahl der Verwundeten betrug in den Lazarethen in der Umgegend von Königgrätz beiläufig 1000, in den übrigen Lazarethen 1700 Mann und 166 Offiziere.

Herr v. Langenbeck vergessend, dass die Grundlage seiner Angriffe Auszüge meiner Rede sind, und dass Sätze, welche im Vortrage durch erklärende Zwischensätze verbunden waren, im Auszuge ohne diese aneinander gereiht wurden, fährt in behaglichem Selbstbewusstsein also fort:

„„Die Massregeln zur Uebernahme der österreicsischen Verwundeten schildert Herr v. Dumreicher in folgender Weise (S. 418):

„Die ursprüngliche Idee, Feldspitäler nachrücken zu lassen, war unausführbar. Es war der Transport auf der Eisenbahn gehemmt und die

Organisation der Feldspitäler auch gar nicht passend (?) Sie sollen sich stets an einem Orte befinden (?) bestehen aber aus je 500 bis 800 ausdehnbaren Betten. Jedes Spital in Theile zu trennen, würde für die Organisation, wie wir sie besitzen, nicht getaugt haben, der ärztliche Stand hätte nicht genügt und die Administration wäre eine schwere gewesen. Es blieb also nichts übrig, als die Verpflegung den Kommunen zu übergeben, nach dem Preise pro Kopf und Tag."

Ich gestehe, dass dieses Raisonnement mir unverständlich geblieben ist. Herr v. Dumreicher vergisst, dass er selbst per Eisenbahn nach Königgrätz gefahren, und dass sämmtliche Eisenbahnen damals wieder fahrbar waren. Aber wäre dieses auch nicht der Fall gewesen, aus welchem Grunde verzichtete er darauf, die in und um Wien in völliger Unthätigkeit liegenden k. k. österreichischen Feldlazarethe auf demselben Wege nach Böhmen marschiren zu lassen, auf denen unsere Feldlazarethe der Armee von Böhmen bis dicht vor Wien gefolgt waren? Und ist es nicht ein schlimmes Testimonium paupertatis für die österreichische Verwaltung, wenn die Sanitäts-Ausrüstung der ganzen österreichischen Nordarmee — abgesehen freilich von dem, was den Siegern geblieben war — so beschaffen war, dass sie es nicht vermochte, eine verhältnissmässig kleine Anzahl von Verwundeten zu übernehmen. In der That wir sind geneigt, zu glauben, dass diese Auslassungen des Herrn v. Dumreicher nur seiner absoluten Unkenntniss in militärärztlichen Dingen beizumessen sind, verstehen es aber dann freilich nicht, wie ein k. k. österreichischer Militärarzt den Muth haben kann, dem Herrn v. Dumreicher, nach Beendigung seines Vortrages, den Dank der österreichischen Militär-Aerzte zu votiren!

Nachdem Herr v. Dumreicher über die Organisation des österreichischen Feld-Sanitätswesens den Stab gebrochen, beeilt er sich — als wolle er sein Versehen wieder gut machen — die Leistungen der k. k. Militär-Aerzte bei und nach der Uebernahme der Lazarethe rühmend hervorzuheben, Leistungen, die allerdings unsere ganze Bewunderung erregen müssen".

Ich nehme im Namen unserer Militärärzte dankend Akt von dieser Anerkennung.

Vorerst möge Hr. v. Langenbeck überzeugt sein, dass ich nicht vergessen habe, mit welchen, von einem preussischen Bahnbeamten künstlich bereiteten Hindernissen ich zu kämpfen hatte, um von Pardubitz nach Königgrätz zu gelangen, obgleich eine offene Ordre des Generals v. Moltke in meiner Hand war, welche alle königlichen Behörden ersuchte, mich zur Erreichung meines Zweckes möglichst unterstützen zu wollen. Ueberhaupt wurde die weisse Binde mit dem rothen Kreuze von den preussischen Offizieren mehr geachtet, als von vielen Nichtkombattanten, die eben glaubten, sich gegen meine Begleitung und mich, als die Sieger von Königgrätz geberden zu müssen.

Hr. v. Langenbeck weiss nicht, oder hat vergessen, dass die Eisenbahn zur Zeit, in welcher die Uebernahme der Lazarethe erfolgen musste, nur für preussische Transporte zur Verfügung stand, und berücksichtigt nicht, dass ein Versuch, die österreichischen Feldspitäler in Märschen zwischen den abziehenden preussischen Truppen oder mit denselben von Wien auf den böhmischen Kriegsschauplatz zu leiten, von unberechenbaren Unzukömmlichkeiten, wie jeder Soldat anerkennen wird, begleitet sein musste, — und Herr v. Langenbeck gibt daher wegen Unkenntniss der damaligen Verhältnisse, sowie der Organisation der österreichischen Feldspitäler, zwar sehr gut gemeinte, aber leider unpraktische Rathschläge.

Zur Begründung der Erläuterung des Gesagten mag Folgendes dienen: Der Stand des österreichischen Feldspitales, welches für 500 bis 800 Betten berechnet ist, zeigt als Administrations-, Aufsichts- und Wartepersonale 4 Offiziere, 1 Rechnungsführer, 14 Unteroffiziere, 40 Ober-. 60 Unterkrankenwärter, 1 Regimentsarzt als Chefarzt, 3 Regimentsärzte, 3 Oberärzte, 9 Spitalsgehilfen, 13 Offiziersdiener, 17 Wagen, 23 Mann bei der Bespannung und 68 Pferde; und da wenigstens 4 Feldspitäler nachrücken mussten, so hätten 684 Mann und 272 Pferde den Marsch antreten müssen. Da aber ein solches Feldspital nicht mehr als zwei Meilen täglich zurücklegen kann, so wären, bei der Entfernung von Wien bis Horzic von 45 Meilen 22 Tage zur Erreichung des Zieles nothwendig gewesen. Würden also die Feldspitäler am 15. August von Wien abmarschirt sein — denn erst am 11. August nach der Besichtigung der Lazarethe im Rayon von Königgrätz konnte ich meinen Bericht an das Kriegsministerium leiten, — so wären dieselben am 6. September eingetroffen, daher zu spät, da ich am 25. August die Lazarethpflege übernehmen musste.

Zudem war die Mehrzahl der Verwundeten in den zu übernehmenden Lazarethen schwer verwundet, und daher ohne Gefahr für dieselben nicht zu transportiren. Da aber nur das Lazareth in Trautenau 342 Verwundete und das in Reichenberg 200, die übrigen eine kleinere Zahl beherbergten, hätten somit die Feldspitäler in kleinere Theile getrennt werden müssen, und wenngleich die Theilung der einzelnen Feldspitäler in drei Theile möglich ist, so wären doch durch diese Trennung sowohl die Ausspeisung als die Rechnungsführung erschwert worden, wie denn auch zudem die ausgesogenen Gegenden des Kriegsschauplatzes 684 Menschen und 272 Pferde zu ernähren genöthigt gewesen wären, — eine Last, welche auch dann bei den damaligen Verhältnissen nicht unterschätzt werden darf, wenn der Staat die Kosten auf dem Marsche und der Verpflegung des Personales und der Bespannung auf sich nahm.

Ich durfte die Ausführung meiner Absicht als zweckmässig und gesichert betrachten, nachdem die Johanniter-Ritter mir die Ueberlassung der Spitalsrequisiten, welche ihr Eigenthum waren, zusagten, der patriotische Verein zu Prag sich verpflichtete, 800 Bettfournituren und andere Bedürfnisse zu senden, und ich vom patriotischen Vereine in Wien mit vielen Erfordernissen versehen war und aus der Festung Josephstadt die übrigen beziehen konnte.

Unter diesen Verhältnissen war es gewiss zweckentsprechender nur die Aerzte und Spitalsgehilfen zur Uebernahme der Lazarethe einzuberufen, dagegen die Einrichtungsgegenstände der Feldspitäler in Wien zu lassen, als nach der Schablone vorzugehen und die Feldspitäler mit grösseren Kosten und bedenklicher Zeitversäumniss in Marsch zu setzen.

Eine ruhige Ueberlegung wird, so hoffe ich, Hrn. v. Langenbeck die Ueberzeugung aufdringen, dass mein Gebahren kein schlimmes testimonium paupertatis für die österreichische Verwaltung ist, noch dass durch dasselbe, wie Hr. v. Langenbeck vom hohen Pferde dekretirt, „der Stab über die Organisation des österreichischen Feldsanitätswesens gebrochen sei."

Wie sollen wir aber die Einschaltung „abgesehen freilich von dem, was den Siegern geblieben war" verstehen? — Soll sie nur eine Thatsache konstatiren, oder aber dem Triumphe Ausdruck geben über die beklagenswerthe Lage unserer armen Verwundeten?

Ich will sie gerne nur im ersten Sinne verstehen, denn im andern aufgefasst, könnte man sie einem sehr jungen Kombattanten allenfalls verzeihen, gewiss nie einem greisen Priester der Humanität, der stets an die Genfer-Konvention appellirt.

Den aufopfernden Leistungen der k. k. österreichischen Militärärzte vor, bei, und nach der Uebernahme der Lazarethe die verdiente Anerkennung auszusprechen, hielt ich einfach für meine Pflicht, ohne dabei irgend welche Tendenz zu verfolgen.

Allein Herr v. Langenbeck stellt an mich die Frage, wo ich die Gelegenheit hatte, diese Leistungen wahrzunehmen, da ich jene weder in den Schlachten, noch auf dem Rückzuge der Armee, noch in Wien in Thätigkeit gesehen habe?

Diese Frage erscheint nur dadurch möglich, dass Herr v. Langenbeck es überhaupt überflüssig fand, sich über die Thatsachen zu unterrichten, bevor er sich der Verfassung seines Sensations-Artikels unterzog.

Er erfahre denn, dass nach den Treffen von Skalitz, Trautenau, Schweinschädl ich in Josefstadt am 27. und 28. Juni, die ärztliche Hilfeleistung bei 2000 Verwundeten leitete, dass am 1. Juli Abends mir im Hauptquartier in Neu-Königgrätz von dem Höchstkommandirenden der Befehl gegeben wurde, mich am 2. Juli mit meinen Operateuren nach Pardubitz zu begeben, das Feldspital mit 450 Verwundeten zu inspiziren und weiterer Befehle gewärtig zu sein; dass ich am 3. Juli in Pardubitz die Hilfeleistung der von der Schlacht von Königgrätz eintreffenden Verwundeten leitete, desgleichen den Verband bei Sr. k. k. Hoheit dem verwundeten Herrn Erzherzog Wilhelm, die Amputation nach Pirogoff bei Sr. Exzellenz dem Korps-Kommandanten Grafen Festetics, kurz, die Leitung der Pflege der anlangenden Verwundeten besorgte. Am 4. Juli Morgens 2 Uhr verliess ich Pardubitz und errichtete in Zwittau eine Verbandstation am Bahnhofe, in welcher unter meiner Leitung am 4. und 5. Juli den zahlreich eintreffenden Verwundeten die chirurgische Hilfe geleistet wurde. Am 6. Juli wurde mir der Auftrag zu Theil, mich nach Brünn zu verfügen, um daselbst für 1700 Verwundete die Spitäler zu organisiren, und binnen 48 Stunden war diese Aufgabe im Vereine mit dem k. k. Oberstabsarzte Dr. Germath vollführt, und der Dienst im regelmässigen Gange. Am nächsten Tage wurden die Anzeigen für die nothwendigen Resektionen festgestellt, und begann die Ausführung der Operationen. Man sollte meinen, dass ich bei dieser meiner anstrengenden Thätigkeit unmittelbar vor und nach dem verhängnissvollen 3. Juli, denn doch Gelegenheit gefunden habe, mir ein kompetentes Urtheil über die Leistungen unserer Militärärzte zu bilden, um ihnen „jene Anerkennung" zu zollen, welche sie selbst bei Hrn. v. Langenbeck erregen mussten.

Nach meiner Rückkehr übernahm ich in Wien vorerst die Leitung meiner Klinik, welche mit schwer verwundeten Offizieren belegt war. Allein bereits am 14. Juli wurde ich von Sr. Majestät dem Kaiser zum Chef des Sanitätsrathes ernannt, welcher im Falle der Abreise des Kriegsministeriums von Wien die Leitung des Sanitätswesens zu übernehmen hatte; es wurde mir die Inspektion der Spitäler für Verwundete in und um Wien anvertraut, und der Auftrag zu Theil, mit dem Generalstabsarzte Ritter v. Kraus den Belegraum für 10.000 Verwundete und die Cadres der Aerzte für diese Spitäler vorzubereiten. Die im besten Fortschritte begriffenen Arbeiten wurden durch den Waffenstillstand beendet, und mir die bereits erwähnte Mission im nördlichen Böhmen übertragen, welche ich am 4. August antrat, und die mir abermals die Gelegenheit darbot, die aufopfernden Leistungen meiner militärischen Kollegen und der Eleven meines hochverdienten Kollegen v. Pitha erkennen und würdigen zu lernen. Ja vielleicht findet der Hr. Geheimrath nun sogar, dass seinen Kollegen an der alma mater in Wien, denn doch noch einige Befähigung für die militärärztliche Aufgabe zuerkannt werden dürfte.

Das erfolgreiche Wirken des Hrn. v. Langenbeck und seiner Kollegen habe ich jederzeit freudig und dankbar anerkannt, ich muss es daher lebhaft bedauern, dass seine unberechtigten Angriffe mich nöthigen Parallelen zu ziehen, welche ich weiss Gott — lieber vermieden hätte, und so frage ich:

Hat Hr. v. Langenbeck aufopferndere und vielseitigere Leistungen in der militärärztlichen Thätigkeit in diesem oder in irgend einem anderen Feldzuge aufzuweisen, als die, welchen ich mich in dieser inhaltsschweren Unglücksperiode unterzog? Berechtigt Hrn. v. Langenbeck etwa das befriedigende Selbstbewusstsein des Erfolges seiner operativen Eingriffe, um mir die Kenntniss militärärztlichen Wissens abzusprechen? Endlich wo hat Hr. v. Langenbeck in diesem Feldzuge Gelegenheit gehabt, sein administratives und organisatorisches Talent zu beweisen, da er ja selbst erklärte, dass er auf die Administration keinen Einfluss gewinnen könne, und nur als Konsulent und Operateur wirke?

Die Misstände in den Lazarethen, welche den Erfolg der operativen Thätigkeit nicht selten vereitelten, ignorirt Hr. v. Langenbeck absichtlich, denn sie konnten ihm nicht fremd bleiben, sowie dieselben jedem Fachmanne durch diese Erwiderung und deren Beilagen vollends klar werden müssen.

Der Herr Geheimrath findet, „dass ich den Preussen etwas zu viel zumuthe, wenn ich erzählte: Am 14. August ging ich nach Skalitz, wo sich 25 Verwundete in preussischer Pflege, jedoch in vollständig ver-

nachlässigtem Zustande befanden, trotzdem bei diesen 25 Verwundeten 30 ärztliche Individuen und Wärter waren, und dann ferner: An einem anderen Orte übernahmen zwei unserer Aerzte das Spital, welches von 15 preussischen Aerzten besorgt wurde. Ein sächsischer Bergrath, der dort bei einem Verwundeten gegenwärtig war, beklagte sich, in der Meinung, es sei unmöglich, dass die beiden Herren mit ihrer Kraft ausreichen können, brieflich und bat um Abhilfe. Nach wenigen Tagen war der Herr eines Besseren belehrt, ein zweiter Brief meldete, dass die beiden Herren das Spital in einen ausgezeichneten Zustand versetzt haben und mehr leisten, als früher von 15 preussischen Aerzten geleistet wurde."
Der Herr v. Langenbeck erwidert:

„In der That, es beschleicht uns unwillkührlich die Sehnsucht, ein Exemplar dieser österreichischen Zündnadel-Chirurgen in unsere Armee überpflanzen zu dürfen. Bis zur Erfüllung dieses frommen Wunsches tröste ich meine gedemüthigten militärischen Kollegen mit der Bemerkung, dass ein Wunder stets als ein fait accompli acceptirt werden muss, und dass man nach dem „wie" und „warum" nicht fragen darf. Lesen wir doch alle Tage, dass ein unheilbares Uebel, welches den Anstrengungen der bewährtesten Aerzte getrotzt, durch eine einzige Sendung irgend eines Wundertranks vollständig geheilt worden ist!

Doch ich will die Leistungen der österreichischen Militärärzte nicht anzweifeln, sondern nur den von Herrn v. Dumreicher an uns gerügten „grossen Uebelständen" gegenüber darauf aufmerksam machen, dass die Welt keine Gelegenheit gehabt hat, sich von der grösseren Leistungsfähigkeit der österreichischen Sanitäts-Pflege zu überzeugen. Im italienischen Kriege sind ja erwiesener Massen die Gräuel des Schlachtfeldes und der Feldlazarethe weit schrecklichere gewesen, als in Böhmen bei — sehr viel günstigeren äussern Umständen.

In Schleswig war im Frühjahre 1864 nach den blutigen Gefechten bei Oberselk und Oeversee eine österreichische Sanitätspflege überall nicht vorhanden, und ohne die Aushilfe durch unsere Feldlazarethe, welche den Lazarethbedarf für Rendsburg hergaben, und ohne das rasche Beispringen der Aerzte und Studenten von Kiel und der Bevölkerung von Rendsburg und Schleswig, würden die armen Verwundeten ohne Lazarethe und ohne ärztliche Hilfe gewesen sein. Auch aus dem letzten Kriege bleibt an dem österreichischen Sanitätswesen ein schwerer Vorwurf haften, der jedoch vorzugsweise der Oberleitung zur Last fallen dürfte."

Trotz alledem ist es so. Thatsachen und nur Thatsachen habe ich wahrheitsgetreu berichtet, wenn ich erzähle, dass in Skalitz*) als ich das Lazareth besuchte, 30 Individuen des Feldlazarethes von der Gemeinde verpflegt werden mussten, und ich die Verwundeten, 2 Offiziere und 25 Mann, in vernachläsigtem Zustande fand, wenn ich sagte, dass im nächsten Lazareth zu Nachod ein Krankenstand von 30 Offizieren und 114 Mann sich vorfand und die Gemeinde 131 Individuen des Feldlazarethes und 71 Pferde zu erhalten hatte; wenn ich ferner beifüge, dass die Offiziere im Städtchen in Privatwohnungen vertheilt waren und von einem ehemaligen

---

*) Siehe Beilage S. II, III, u. IV.

Assistenzärzte Langenbeck's, sowie das Lazareth im Schlosse von den Assistenzärzten Middeldorpfs gut versorgt wurden, während die Verwundeten in der Abtheilung des Lazarethes im Schüttboden unter der Leitung eines Militärarztes einer entsprechenden ärzlichen Pflege entbehrten.*)

Ich bedauere, dass der Bericht nicht überall günstig lauten konnte, weil er vor Allem der Wahrheit entsprechen musste, oder hält es Hr. v. Langenbeck für die Pflicht seines österreichischen Kollegen auch das Schlechte gut zu finden, weil das Kriegsglück auf der Seite Preussens war?

Ich wende mich nun zu einem Vorkommnisse, welches den Hrn. Geheimrath in besonders gute und hämische Laune versetzt und die gerechtfertigte Sehnsucht in ihm erregte, ein Exemplar unserer „Zündnadelchirurgen" in die preussische Armee überpflanzen zu dürfen. Hr. Geheimrath! wir können damit dienen, das Geheimniss ist leicht begriffen und unschwer erlernt, es ist das Ei des Columbus — und heisst: Reinlichkeit, Reinlichkeit und — wieder Reinlichkeit! Kehren wir zu den Thatsachen zurück.

In Hradek wurden laut Bericht**) 91 Kranke, bei welchen 15 Aerzte ordinirt hatten, übernommen. Der Zustand des Lazarethes und das Wohl der Verwundeten gebot die benützten Belegräume zu leeren, zu ventiliren, die Wände zu übertünchen, das verfaulte Stroh aus den Strohsäcken zu entfernen, dieselben mit frischem Stroh füllen zu lassen und die Verwundeten selbst zu überbetten. Ich überzeugte mich von der angestrengten Mühewaltung der beiden österreichischen Aerzte selbst und sandte denselben noch einen provisorischen Oberarzt, um dieselben in etwas zu erleichtern.

Hiebei steht fest, dass die 15 preussischen Aerzte das Lazareth im entsprechenden Zustande nicht übergeben hatten, und es erklärt sich die Beobachtung eines Laien, welche ich als Demonstratio ad hominem anführte, dass die zwei österreichischen Aerzte leisten konnten, was 15 preussische Kollegen zu leisten unterlassen hatten.

Der eine dieser „Zündnadelchirurgen" ist Regimentsarzt Dr. Scholz, emeritirter Assistent der chirurgischen Klinik Pitha's, und ich fordere Hrn. v. Langenbeck auf, die preussischen Aerzte, welche bei den preussischen Verwundeten in Hradeck zurückgeblieben waren, zu fragen, ich fordere den Johanniter-Ritter v. Zastrow, sowie den königlich-sächsischen Hofr. Dr. Breier auf, zu erklären, ob dieser Mann und seine Kollegen ihnen nicht die vollste Achtung abgerungen haben.

Nachdem ich das „Wie" dieses Wunders erklärt habe, will ich, um dem Hrn. v. Langenbeck zu genügen, auch über das „Warum" desselben ein Wort sagen. — Selbstzufriedenheit ist eine lobenswerthe und glückliche Eigenschaft.

Die preussischen Aerzte waren mit ihrem Wirken selbstzufrieden; der Zustand des Lazarethes schien ihnen für die Uebernahme von Seite österreichischer Aerzte ein genügend guter. — Hierin lag die Täuschung.

*) Siehe Bericht S. XII.
**) Siehe Bericht S. IV.

Wer ein Amt übernimmt, hat dasselbe nach seinen besten Kräften zu erfüllen, ist das Amt aber die Pflege von Verwundeten, so fordert die Pflicht, sowie die Bildung und Humanität, Alles zu thun, was Nachtheile ferne halten, die Heilung und die Erhaltung der Verwundeten fördern kann, d. h. Alles, was die Hygiene dringend verlangt.

Diese Pflicht hatten die 15 preussischen Kollegen nicht erfüllt. Warum nicht? Aus Mangel an Leistungsfähigkeit? Nein. Wie sollte auch ein intelligenter deutscher Stamm, der sich einer sehr guten Volksschule, ausgezeichneter Mittelschulen und Universitäten und der hervorragendsten Lehrkräfte erfreut, irgend einem andern Stamme an Wissen und Leistungsfähigkeit nachstehen!

Allein der aufopfernde gute Wille und die im Gemüthe wurzelnde und gepflegte Humanität waren nicht in jenem Grade thätig, als die ihnen gewordene Aufgabe es verlangte, vielleicht spielte auch ein Bischen Geringschätzung gegenüber den besiegten Kollegen mit hinein.

Die beiden österreichischen Aerzte brachten jene Eigenschaften mit in ihren Beruf, und diese waren der Wundertrank, durch welchen sie mehr zu leisten vermochten, als jene 15 preussische Kollegen. Und so erklärt sich das „Wie" und „Warum" jenes angestaunten Wunders.

Herr v. Langenbeck spricht auch von den Vorkommnissen im italienischen Kriege und in Schleswig, allein, da ich mir kein Urtheil über angebliche Thatsachen erlaube, welche ich nicht gesehen habe, kann ich Herrn v. Langenbeck nur erwidern, „**dass ich mir weder über das preussische noch über das österreichische Sanitätswesen das Amt des Schiedsrichters anmasse, dass ich, nebenbei bemerkt, das nordamerikanische Militär-Sanitätswesen für das beste und praktischeste halte, mir aber die Berechtigung wahren muss, über Lazarethe mein Urtheil abzugeben, welche ich selbst genau zu prüfen die Gelegenheit hatte.**

Wenn Herr v. Langenbeck anführt, dass die Feldärzte des Nordens bei ihren Verwundeten blieben, die österreichischen nicht, und ihnen dies zum Vorwurf macht, so hat er Unrecht, weil sie ihren Dienstvorschriften gehorchend, mit den Truppen abziehen mussten: was erst durch den endlichen Beitritt zur Genfer Konvention nun verändert worden ist.

Erinnern muss ich hiebei, dass die Herren Oberarzt Dr. Griebsch und Oberwundarzt Seidl schon in diesem Feldzuge die Erlaubniss erhielten, bei den Verwundeten in Oberröttendorf zu bleiben, und dass von denselben das Lazareth daselbst in jeder Beziehung ausgezeichnet gut besorgt wurde, wie ich mich überzeugte und die Herren Ritter des Johanniterordens, welche das Lazareth häufig besucht haben, bestätigen werden.

Wenn aber die Aerzte der unterlegenen Macht die Sorge und die Mühen für die Verwundeten mit den Kollegen des siegenden Heeres theilen, so dürfte man von der Humanität, ja noch mehr von der Kollegialität der Letzteren erwarten, dass sie ihre neuen Arbeitsgenossen nicht würden darben lassen, wie es in diesem Feldzuge in Königinhof und in Gitschin der Fall war. Ich habe nicht erfahren, dass den in den Lazarethen zu Flensburg zurückgebliebenen deutschen Aerzten Aehnliches wiederfuhr, dass sie von ihren dänischen Fachgenossen ebenso unkollegial behandelt wurden, wie die österreichischen Aerzte in Königinhof und Jicin von — ihren preussischen Kollegen.

Auf die Vorwürfe zu antworten, welche Herr v. L. dem Verhalten unserer Militärärzte in Jicin macht, überlasse ich mit Beruhigung einem der betreffenden Militärärzte, weil ich die unwahr berührten Verhältnisse und Thatsachen nicht aus eigener Anschauung kenne.

Herr v. Langenbeck sagt: „Fast scheint es, als wenn den österreichischen Aerzten die eigentliche Bedeutung der Genfer-Konvention nicht klar geworden sei, weil gefangene Aerzte in Jicin sich weigerten, den Krankendienst bei der grossen Anzahl ihrer Verwundeten mit zu übernehmen, da sie nach der Genfer-Konvention und als neutrale Personen von uns sofort entlassen werden müssten".

Herr Regimentsarzt Dr. Kraus erwidert auf diesen unberechtigten Angriff:

„Ich war nicht wenig überrascht bei Lesung dieser Zeilen, welche eine Anklage aussprechen, die (ich wähle den mildesten Ausdruck hiefür) auf einem Irrthume beruht: da es doch nicht schwer sein konnte, diesen Irrthum zu vermeiden, wenn Herr Professor Langenbeck einen kleinen Theil der Gründlichkeit, die seine Forschungen auf dem Gebiete der Wissenschaft auszeichnet, für die leidige Polemik aufgeboten hätte.

Als Mitangeklagter berufe ich mich diesen Worten gegenüber auf die Thatsache, dass die sämmtlichen österreichischen und sächsischen Offiziere und circa 900 Mann, die auf dem Verbandplatze in der Infanterie-Kaserne, dem nebenanliegenden Gymnasium, den beiden Kirchen und einzelnen Privathäusern untergebracht waren, so wie circa 400 Verwundete, welche von Königgrätz und Horzic nachkamen, ohne irgend eine Weigerung von uns gepflegt wurden, so lange sie in Jicin gewesen sind.

Es liegt in der Natur der Sache, dass die österreichischen Aerzte während dieser Zeit in der Ausübung ihrer Pflicht für ihre Verwundeten Sorge zu tragen, mit einer grösseren Zahl von Persönlichkeiten, welche der königlich preussischen Armee angehörten, in Berührnng kamen. Diese Herren mögen mir gestatten, mich heute auf sie als Zeugen unserer Thätigkeit zu berufen.

Der Herr Generalarzt Dr. Löffler, der Herr Oberstlieutenant, Adjutant Sr. königlichen Hoheit des Kronprinzen, der Herr General Voigt-Reetz, Se. königliche Hoheit der Prinz Friedrich Karl, welche am 30. Juni oder 1. Juli Nachmittags die beiden Regimentsärzte empfingen, welche für den in Gefangenschaft gerathenen Verbandplatz um Wartepersonale und Nahrung baten; der Herr Johanniter-Ordens-Ritter

Rittmeister v. Mellentin, der Leibarzt Sr. Majestät, geheimer Medizinalrath Dr. Lauer, welche im allerhöchsten Auftrage die österreichischen Verwundeten besuchten: die Aerzte des 1. schweren Feldlazarethes des 3. Armee-Korps, welche auf dem Durchmarsche nach Horzic unseren Verbandplatz besichtigten, die Aerzte des 1. schweren Feldlazarethes des 2. Armee-Korps, welche bis Ende August in Jicin verblieben, der Herr Chefarzt desselben Oberstabsarzt Dr. Starke und der von uns so hochverehrte Herr Generalarzt Professor Dr. Bardeleben, welche uns sehr häufig in unserer Thätigkeit gesehen haben, werden schwerlich anstehen zu bezeugen, dass wir uns nicht geweigert haben, unsere Pflicht zu thun.

Wenn vielleicht Herr Prof. Langenbeck zu dem oben angeführten Satze durch ein chefärztliches Zeugniss veranlasst wurde, worin ich den Herrn Unterarzt J. S. als entbehrlich bezeichnet habe, so muss ich bemerken, dass dieses Zeugniss vom August datirt ist, wo die grössere Zahl der österreichischen Militärärzte auf Grundlage eines Erlasses des königlich preussischen Armee-Oberkommando's bereits in die Heimath abging, und dass der über die vom Herrn Oberstabsarzte Dr. Starke als nothwendig ausgesprochenen Zahl von Aerzten freiwillig zurückgebliebene Regimentsarzt Dr. Riedl doch als genügender Ersatz für die verlorene Kraft gelten kann.

Was nun unsere Auffassung über die eigentliche Bedeutung der Genfer-Konvention betrifft, so hätte dieselbe wol durch einige Erlebnisse, wie z. B. unsere eigene in aller Form erfolgte Gefangennahme und die Abführung der mit uns auf dem Verbandplatze zurückgebliebenen Sanitätsleute und Blessirtenträger — wol wesentlich getrübt werden können; doch war sie nicht engherzig genug, dass wir uns geweigert hätten, die Ordination im Choleraspitale zu übernehmen, und von der Errichtung bis zur Auflösung desselben zu führen, obwohl durch mehrere Wochen hindurch lediglich cholerakranke Preussen daselbst zur Behandlung kamen.

Wien, am 20. März 1867.

Dr. Kraus, Regimentsarzt.

Dieser Erwiderung des Herrn Regimentsarztes Dr. Kraus erlaube ich mir nur noch beizufügen, dass mir ein Gesuch einer freiwilligen Krankenpflegerin aus Berlin vom 13. September 1866 vorliegt, welche Se. Majestät den Kaiser von Oesterreich bittet, den Regimentsärzten Dr. Kraus und Dr. Riedl eine Auszeichnung verleihen zu wollen, „indem dieselben Alles gethan haben, um das schreckliche Loos der Verwundeten zu erleichtern, und den Pflegern und Pflegerinnen mit ermuthigendem Beispiele von Ausdauer und Geduld vorangegangen sind".

Das Loos unserer Verwundeten war allerdings schrecklich, wenn man erfährt, dass es nur den wiederholten Bitten dieser beiden Regimentsärzte gelang zu erreichen, dass den Verwundeten, die bis dahin ohne jede Nahrung geblieben waren, nach 48 Stunden

Fleisch überlassen wurde, weil erklärt worden war, dass dieses am nächsten Tage ohnehin ganz verfault sein würde!

Herr v. Langenbeck war also wieder übel berichtet, — und ich kann ihm die Versicherung geben, dass ich den Beitritt zur Genfer-Konvention gewünscht habe, dass ich, als mir die Gelegenheit geboten war, für den endlichen Beitritt thätig war, weil ich damals von derselben für das Wohl der Verwundeten mehr hoffte, als sie nach den in diesem Feldzuge von mir gemachten Erfahrungen, wie mir scheint, zu leisten vermag. Da aber Oesterreich während des Feldzuges nicht beigetreten war, blieb den Preussen die Klärung des Schlachtfeldes, eine Aufgabe, die bisher jeder siegenden Armee zufiel, ohne dass darüber ein Schmerzensschrei von Seite der betreffenden Aerzte erhoben worden wäre. Die österreichischen Militärärzte, meine Operateure und ich können Herrn v. Langenbeck die Versicherung geben, dass wir sehr zufrieden gewesen wären, wenn das Kriegsglück uns die Lösung dieser Aufgabe zugewendet hätte; ja für die bestmögliche Erfüllung derselben hatte ich im Vereine mit dem Armeechefarzte und dem patriotischen Komité des Wiener Hilfs-Vereines und des Doktoren-Kollegiums in Wien Vorsorge getroffen; wir hätten uns allen Beschwerden und Mühen mit Liebe und Aufopferung unterzogen; und gewiss, würden wir die preussischen Kollegen, welche bei ihren Verwundeten geblieben wären, nicht gedemüthigt, sondern als Kollegen behandelt haben.

Herr v. Langenbeck ist ungehalten über meine Aeusserung: es möge auch die Sucht nach Operationen zu der grossen Mortalität beigetragen haben, und knüpft daran die Frage:

Aber woher weiss denn Herr v. Dumreicher, dass die Mortalität gross, d. h. doch wohl ungewöhnlich gross gewesen ist? Warum theilt er das Mortalitätsverhältniss im Vergleich mit den früheren Kriegen nicht mit?"

Fürwahr eine müssige Frage!

Die preussischen Aerzte, so wenig als irgend Jemand, sind in der Lage, die Zahl der Verstorbenen, noch weniger aber das Verhältniss der Mortalität der Verwundeten und Operationen statistisch — vergleichend und wahr festzustellen; wie konnte ich nun behaupten, dass die Mortalität eine bedeutende gewesen sei? Und dennoch!

Herr v. Langenbeck selbst ist der erste Gewährsmann, den ich für den ungünstigen Erfolg der operativen Eingriffe anführen muss. Herr v. Langenbeck äusserte in der ersten Unterredung in Gegenwart von vier Zeugen: Wir sind sehr betrübt, wir waren nicht glücklich. Diese Aeusserung wurde mir von den in Horzic lebenden Aerzten, dem vollen Umfange nach bestätigt. Ein tiefer und breiter Hohlweg auf einem Hügel in der Nähe von Horzic wurde mit den Leichen ausgefüllt und mit Kalk bedeckt — eine weisse, schon von der Ferne sichtbare Fläche, und die vielen grossen Schachte und Grabeshügel an den andern Orten, in welchen sich Lazarethe befanden, waren stumme, viele ehrenhafte Kollegen und vertrauenswürdige Männer, die beredten Zeugen der grossen Mortalität in den Lazarethen.

Ferne sei es von mir, diesen traurigen Erfolg nur den Missständen in der Pflege der Verwundeten aufbürden zu wollen; die Märsche und Strapazen und die mit diesen verbundene mangelhafte Ernährung, welche der Verwundung vorhergingen, der Hunger, welchen die Verwundeten nach der Verwundung litten, die in den ersten Wochen unvermeidliche Anhäufung von Verwundeten und die Unmöglichkeit, in dieser Zeit den Vorschriften der Hygiene auch nur annähernd zu entsprechen, mussten die Pyämie begünstigen, und die Mortalität fördern. Hiezu kam noch an einzelnen Orten die Cholera.

Wenn ich mir in meinem Vortrage zu äussern erlaubte: Es mag auch die Sucht, grössere Operationen auszuführen, zur Mortalität beigetragen haben, so liegt es mir jetzt ob, der Aufforderung des Herrn von L a n g e n b e c k zu entsprechen und Beweise dafür zu geben.

Ueberall, auch in Preussen werden einzelne jüngere Chirurgen Anzeigen zu Operationen finden, welche ältere und gereifte Operateure unterlassen würden, und es sei mir nun gestattet, diese Behauptung durch Thatsachen zu erhärten.

Im Lazarethe von Masloved fanden wir einen Verwundeten mit Resektion des Oberschenkels in der Kontinuität, einen gleichen Fall in Horzic, beide ohne Unterlagschiene, ohne Verband!

Wozu haben die Herren operirt, wenn sie dem Operirten nicht die nothwendige Pflege angedeihen liessen? Um eine Resektion ausgeführt zu haben?

In den Aufschreibungen des k. k. Oberarztes, Operateurs Dr. J a n d a, der die Verwundeten übernahm, ist zu lesen:

Michael Mischlofsky (E. P. Nr. 46), Gemeiner des 57. Infanterie-Regiments, 3. Kompagnie, 26 Jahre alt, erlitt am 3. Juli eine Schussfraktur des linken Oberschenkels, und wurde im Lazarethe zu Masloved operirt.

Bei der Uebernahme in Horzenoves zeigt sich der Mann hochgradig abgemagert, am Kreuzbein ein ausgebreiteter Decubitus. Die linke untere Extremität atrophirt, um 2″ kürzer als die rechte; der Fuss am äussern Fussrande aufliegend. In der Mitte der hinteren Fläche des linken Oberschenkels eine $5/4$″ lange, mit scharfen Rändern und spitzen Winkeln versehene Längswunde, aus der sich Jauche ergiesst. Die Oeffnung führt zu einer mit glatten Wandungen versehenen grossen Höhle zwischen Muskulatur und hinterer Fläche des Oberschenkelbeines, in welche die scharf abgesetzten, senkrecht auf die Längsachse durchtrennten und 1″ von einander abstehenden periostlosen Enden des femur hineinragen. D e r K r a n k e w u r d e i n M a s l o v e d o h n e U n t e r l a g s c h i e n e, j a s e l b s t o h n e U n t e r l a g s k i s s e n m i t e i n e m b l o s s e n C h a r p i e v e r b a n d v o r g e f u n d e n.

Unter Zunahme der Jauchung verfallen seine Kräfte — er starb am 5. September.

Die Sektion ergibt die Resektion eines 3″ langen Stückes aus der Kontinuität des femur, die durchsägten Knochenenden glatt, bis auf 1″ weit hinauf des Periosts entblösst, in einer Jauchehöhle liegend. Nirgends eine Spur von Knochenneubildung.

Joh. Barbos (E. P. N. 47), Gemeiner des 61. Inf.-Regiments. 5. Kompagnie, wurde in Masloved am rechten Unterschenkel mit Bildung eines Wadenlappens amputirt und am 28. August zu uns geschafft. Die Amputationswunde stellt ein lang gestrecktes Oval dar, welches durch Herabfallen des Wadenlappens entstanden ist. Die ganze Wundfläche ist mit einem diphtheritischen Exsudate belegt, tibia und fibula ragen auf ½" weit vor, und sind von Periost entblösst. Die Wundränder sind zernagt, und die des Wadenlappens mit mehreren Fadenringen, welche ungefähr 1" weit von einander abstehen, behängt. Es sind das die Knopfnähte, welche, nachdem sie oben durchgeschnitten hatten, an dem herabgefallenen Wadenlappen hängen blieben. Mitten in der Wundfläche ist ebenfalls ein Faden sichtbar, dessen beide Enden aus den Granulationen heraushängen; durch Anziehen an dem einen Ende wird er sehr leicht entfernt, und erweist sich als ein längst durchgeschnittener Unterbindungsfaden. Als Verband diente ein ganz einfacher Charpieverband, ohne dass man daran gedacht hätte, den Wadenlappen hinaufzuschlagen, und ihn durch Heftpflasterstreifen befestigt zu erhalten, um so der Intention der Operation Genüge zu thun. So viel aus dem Berichte.

Zur Zeit als ich die Lazarethe sah, war noch kein Verwundeter, an dem die Resektion des Kniegelenkes geübt worden war, geheilt, und als ich die Lazarethe übernahm, waren diese noch lebenden Resezirten dem Tode nahe und starben bald darauf. Von den österreichischen Verwundeten überlebte keiner diese Operation. Waren dieselben unter den obwaltenden Verhältnissen angezeigt? Konnte man die Hoffnung eines Erfolges von diesen Resektionen unter den gegebenen Verhältnissen haben, da die Verwundeten durch die vorausgegangenen Mühsale und Hunger in der ersten Zeit nach der Verletzung sehr herabgekommen, moralisch gedrückt waren, und durch die Anhäufung von vielen Verwundeten die Luft verdorben war, der Operateur endlich weder die Bürgschaft hatte, dass er seine Operirten bis zur Sicherstellung des Erfolges so aufmerksam besorgen könne, als es zum Erfolge nothwendig ist, noch, dass sein Nachfolger ein Fachmann sein werde, der die Kenntnisse und den guten Willen besitzt, welche zur Erzielung der Heilung unumgänglich erfordert werden.

In Masloved übernahm ich die Verwundeten am 28. August von einem Stabsarzte, den ich am 14. August in Nachod als Chefarzt der Abtheilung des Lazarethes im Schüttboden getroffen hatte, und derselbe Arzt übergab am 9. September eine Abtheilung von Verwundeten im Lazarethe in Trautenau. Wie sollen bei einem solchen Wechsel der Aerzte, Operirte, die grosse Sorgfalt erheischen, entsprechend gepflegt werden. Unter solchen Verhältnissen kann die konservative Chirurgie bei dieser Operation kaum auf Erfolge hoffen. Nachdem einige dieser Kranken ohngeachtet der mangelhaften Pflege noch so lange lebten, so dürfte der Schluss nicht unrichtig sein, dass durch eine Absetzung des Gliedes das Leben derselben mit mehr Wahrscheinlichkeit erhalten worden wäre.

Die statistischen Daten aus dem nordamerikanischen Bürgerkriege zeigen überdiess, dass bei den Verletzungen des Kniegelenkes mit und ohne Knochenbrüche, die Amputation weniger unglückliche Resultate bot, als die Konservirung, besonders aber als die Resektion, welche die ungünstigsten Resultate lieferte.

Ist demnach mein zweifelhaft hingestellter Ausspruch: Es mag die Sucht, wichtige neuere Operationen auszuüben, zur Mortalität auch etwas beigetragen haben, unberechtigt?

Herr v. Langenbeck behauptet, ich sei der alten Chirurgie treu geblieben, woher weiss er dies? Hat er es vielleicht daraus entnommen, dass ich bei meiner Unterredung ihm mittheilte, dass ich in einem Semester 4 Uranoplastiken mit Erfolg vollführt habe? Es ist bekannt, dass ich nicht erst jetzt, sondern seit zwei Dezennien verstümmelnde Operationen, Amputationen nur wenn dieselben unzweifelhaft angezeigt sind und dann nur ungern übe, und wenn nur immer möglich, die Resektionen vorziehe?

Herr v. Langenbeck will seine Anschuldigung damit beweisen, „dass ich einem österreichischen Offizier in Hradek dessen zerschmettertes Bein man sich bis dahin mit dem besten Erfolg zu erhalten bemüht hatte, nach oberflächlicher Untersuchung die Eröffnung gemacht hätte, dass er in den nächsten Tagen amputirt werden müsse".

Wie alle Vorwürfe, welche Herr v. Langenbeck mir zu machen beliebt, ist auch dieser nur vagen Gerüchten entnommen.

Freiherr v. Mundy, damals k. k. Regimentsarzt, der mich begleitete, das Nationale der Verwundeten und die Art der Verletzung verzeichnete, gibt über diesen Vorgang folgende Erklärung ab:

„Ich Unterzeichneter erinnere mich genau, dass ich am 9. August 1866 Nachmittags im Schlosse Hradek zugegen war, als Prof. v. Dumreicher einen Herrn Offizier, der mit einer Schussverletzung im Kniegelenke darniederlag, besuchte. Der uns begleitende Oberstabs-Arzt äusserte: „Dies ist ein schlimmer Fall, die Extremität kaum zu erhalten". Prof. v. Dumreicher suchte den Offizier zu ermuthigen, und sprach unter anderem auch folgende Worte: „Sie sind in so guten Händen, dass Sie, wenn Ihnen Ihre Aerzte — was nicht nöthig werden wird — die Amputation antragen würden, Folge leisten müssten.

Jaromir Freiherr v. Mundy,
k. k. Stabsarzt a. D.

Welchen Schluss muss jeder billig Denkende daraus ziehen? Fürwahr nur den, dass ich aus den Aeusserungen des mich begleitenden Kollegen entnahm, dass dieser die Meinung habe, es werde die Amputation nöthig werden, und dass ich für diesen Fall, damit der Kranke dem letzten Versuche zur Rettung seines Lebens sich nicht widersetze, das Vertrauen in seinen Arzt zu erhöhen suchte. Eine nähere Untersuchung des Kranken wäre unfruchtbar gewesen, weil meine Ansicht für den preussischen Kollegen nicht massgebend werden konnte. Wäre der Erkrankte eine Dame oder ein Kind gewesen, so würde ich selbst diese vorsichtige Aeusserung vermieden haben.

Herr v. Langenbeck sagt, dass man sich bis dahin mit dem besten Erfolge bemüht hatte, das Bein zu erhalten. Wenn ich gut berichtet bin, so hat der Verwundete sein Bein erhalten, und in das Grab mitgenommen.

Der Herr Geheimrath will bei dieser Gelegenheit auch nicht unerwähnt lassen, dass die Art, wie ich die Verwundeten zu besuchen pflegte, eine ungewöhnliche war. Er sagt:

„An den meisten Orten begab er sich in die Lazarethe ohne Wissen und Beisein der behandelnden Aerzte, die überhaupt von seiner Mission keine Kenntniss hatten. Er löste die Verbände, untersuchte die Wunden und machte Aeusserungen über den Zustand der Verwundeten, durch welche diese oftmals im höchsten Grade beunruhigt wurden. Dass es von unseren Aerzten pflichtwidrig gewesen wäre, wenn sie ein solches Verfahren geduldet hätten, so lange sie selbst noch für ihre Kranken verantwortlich waren, bedarf keines Beweises. Diesem Auftreten also hatte Herr v. Dumreicher auf seiner Rudschau eine Reihe von unangenehmen Begegnungen beizumessen, welche die Ungunst seines Urtheiles über unsere Militärärzte erklärlich machen.

Das sind grobe Beschuldigungen, und — eine Reihe von böswilligen und leichtfertigen Unwahrheiten.

Die Unkenntniss meiner Mission, in der sich die behandelnden preussischen Aerzte angeblich befunden haben sollen, kann wohl nicht mir zum Vorwurfe gemacht werden, denn die kaiserliche Regierung hatte in Nikolsburg die Anzeige erstattet, General v. Molke hatte mir den Geleitschein übermacht, und es war somit Sache der preussischen Behörden, Ihre Organe in Kenntniss zu setzen.

Zur Zeit als ich die Lazarethe besuchte, war Oesterreich der Genfer-Konvention bereits beigetreten, die Aerzte waren daher neutrale Personen, und ich hatte das Recht, die Verwundeten in meiner Eigenschaft als kaiserlicher Bevollmächtigter, welcher die Lazarethe zu übernehmen hatte, ohne die besondere Erlaubniss hiezu einholen zu müssen, zu besuchen, und ich darf beifügen, dass ich dennoch den Gesetzen der Höflichkeit überall nachkam. Ehrensache war es für mich zur Zeit, als die Uebernahme der Lazarethe angeboten wurde, dieselbe auch in's Werk setzen zu können. Die Uebergabe sollte mit dem Friedensschlusse stattfinden, der Zeitpunkt war daher unbestimmt. Meine erste Aufgabe musste es sein, den Ueberblick über die zu übernehmenden Lazarethe zu gewinnen, die Zahl und den Zustand der Verwundeten, sowie deren Transportfähigkeit zu erheben. Von Sr. Majestät dem Kaiser hatte ich den Auftrag, alle Verwundeten Offiziere zu besuchen, das Nationale, der Grad der Verwundung sollten berichtet werden, und diese erste Bereisung musste in möglichst kurzer Frist beendet sein.

Vsestarz besuchte ich am 9. August Morgens 10 Uhr. Der Stabsarzt war abwesend und was erübrigte mir, als das Lazareth in Augenschein zu nehmen, die Zahl der verwundeten Mannschaft zu verzeichnen und die Offiziere zu besuchen. In Nechanitz waren die preussischen Aerzte zu Tische, der Bezirksarzt Dr. Feltl und Dr. Hellmuth Sekundararzt des Krankenhauses in Prag, welche in dem Lazarethe wirkten, geleiteten mich in demselben. In Hradek führte mich ein Oberstabsarzt durch die Räume, ich stellte mich meinem Kollegen, Prof. B u s c h, vor, in Nedelist empfing mich zu wiederholten Malen Stabsarzt Dr. W i l d e, ein Kollege, den ich hochachten lernte, in Cerekwitz Geh.-R. W i l m s, der sich als mein Zuhörer im Jahre 1853 vorstellte, und ein Oberstabsarzt, der sich mit Vergnügen seines Aufenthaltes in Wien und des Besuches meiner Klinik erinnerte. In Horzic besuchte ich Hrn. v. L a n g e n b e c k und es führte uns ein Stabsarzt, während ich einen zweiten mit einer Amputation beschäftigt fand. In Horzenoves verkehrte ich mit Dr. F i n k e in der kollegialsten Weise, er war so freundlich mir nach dem Besuche der Verwundeten seine Aufzeichnungen mitzutheilen, die Anzeigen zu den geübten Operationen mit mir zu erörtern, und ich lernte in ihm einen gewissenhaften und sehr befähigten Kollegen kennen.

In Skalitz fand ich um 9 Uhr Vormittags keinen Arzt, sondern einen Lazararethgehilfen, in Nachod die Assistenten des Kollegen M i d d e l d o r p f's und einen Stabsarzt, ein früherer Assistenzarzt Langenbeck's führte mich zu den Offizieren, die in Nachod in den Privathäusern wohnten. In Königinhof hatte ich Verhandlungen mit der Bezirksvertretung, und als diese beendigt waren, 2 Uhr Nachmittags, ersuchte ich den in Gefangenschaft gerathenen Herrn Regimentsarzt Dr. N e u g e b a u e r mich dem preussischen Oberstabsarzte vorzustellen, und erfuhr mit Bedauern, dass die Aerzte im Bahnhof, Dreiviertelstunden ausser Königinhof, ihr Mittagsmahl einnehmen und vor 5 Uhr nicht beendet haben. Da ich diesen Abend noch Trautenau erreichen, der Stand des Lazarethes aber aufgenommen werden musste, besah ich dasselbe mit dem Verwalter des Spitals in Königinhof und dem Regimentsarzte Dr. N e u g e b a u e r; nur h i e r w a r e s dass ein Stabsarzt im Namen seines Chefs, als ich nach Besichtigung der Spitäler im Begriffe war abzureisen, um halb 6 Uhr die Meldung machte, dass sein Chef nicht gestatte, dass ich ohne seine Erlaubniss die Lazarethe besuchen dürfe, w o r a u f i c h e r w i d e r t e, d a s s i c h m i c h i n d i e T h e r a p i e n i c h t e i n m e n g e n k ö n n e, n o c h w e r d e, z u m B e s u c h e d e r L a z a r e t h e b e h u f s d e r A u f n a h m e d e r V e r w u n d e t e n a b e r b e r e c h t i g t s e i, u n d s e h r w o h l w i s s e, w a s i c h z u t h u n h a b e.

In Milowitz besuchte ich mit dem preussischen Stabsarzte Dr. W e i s e r jeden Kranken, in Masloved mit dem angeführten in steter Wanderung begriffenen Stabsarzte.

In Trautenau besah ich mit Prof. V o l k m a n n alle Verwundeten. In Reichenberg geleiteten mich preussische Militärärzte. In Jicin besuchte ich die Carthause, die Offiziere in ihren Wohnungen, dann das Lazareth in österreichischer Pflege, und bemerke, dass unsere Regimentsärzte von dem Stande in den preussischen Lazarethen genau unterrichtet waren, und ich mir daher den Besuch der Verwundeten in preussischer Pflege für meinen zweiten Besuch vorbehielt.

Mit Ausnahme von Vsestarz, Nechanitz, Skalitz und Königinhof haben mich also bei meinen Besuchen der Lazarethe preussische Aerzte geführt.

Hr. v. Langenbeck wird nach diesen Auseinandersetzungen zugeben müssen, dass er **wieder irrig berichtet wurde, dass die unangenehmen Begegnungen sich auf einen Fall** reduziren, der mich in meiner Pflichterfüllung nicht im geringsten beirren konnte.

In Trautenau wurde ich **nach der Uebernahme der Lazarethe** von Prof. Volkmann wenige Momente vor meiner Abreise ersucht, ihn vor einer Beleidigung zu schützen, indem ihm von einem Mitgliede des Gemeinderathes in Abwesenheit des stellvertretenden Bürgermeisters seine Wohnung gekündigt worden war. Dem herbeigerufenen Bürgermeister erklärte ich in Gegenwart des Herrn Statthaltereirathes Dr. Skoda und des Herrn Professors Volkmann, dass ich dergleichen Vorgänge nicht dulde, und bestimmte, dass alle preussischen Aerzte bis zu ihrer Abreise in den Wohnungen, welche dieselben inne hatten, zu bleiben haben.

Herr v. Langenbeck spricht auch von einer Reihe von unangenehmen Begegnungen „welche ich meinem Auftreten beizumessen" hatte?? Mit Ausnahme der eben angeführten Begegnung in Königinhof, weiss ich nur von einer Erörterung über einen Vorfall, der allerdings jeden gebildeten Menschen sehr unangenehm berühren muss, **einer Erörterung, die für den betreffenden Herrn, nicht für mich peinlich werden** musste, zu der ich aber als Bevollmächtigter der österreichischen Regierung verpflichtet war. Ich liess über diesen Vorfall ein Protokoll aufnehmen, welches ich Hrn. v. Langenbeck zusende, und ich glaube, dass der Geheimrath mir dafür verbunden sein wird, dass ich es nicht für angemessen finde, dasselbe der Oeffentlichkeit zu übergeben.

Jedem Arzte überlasse ich die Beurtheilung, ob mir bei diesem, wie sich Herr v. Langenbeck ausdrückt, kursorischem Besuche, die Zeit gegönnt war, bei 2500 Verwundeten die Verbände zu lösen, die Wunden zu untersuchen, und die Kranken durch Aeusserungen zu beunruhigen, oder die Gewissenhaftigkeit der preussischen Aerzte so aufzuregen, dass dieselben in ihrem Gefühle der Verantwortlichkeit meinem Gebahren entgegentreten mussten.

Welcher preussische Arzt ist mir bei irgend einer Veranlassung entgegengetreten? — Er nenne sich.

Hr. v. Langenbeck's Leichtgläubigkeit ist fürwahr schwer zu fassen, und nur durch nationale Erregung, und selbst wenn man dieser die gebührende Rechnung trägt, kaum erklärlich.

„Meine Bemerkungen über den Mangel an Reinlichkeit in den Lazarethen, über die ungeregelten Visiten u. s. w., meint Herr v. Langenbeck damit kurz zu widerlegen, dass er hierüber kein Wort erwidern will, weil dergleichen Absurditäten die Erwiderung nicht verdienen."

Der Herr Geheimrath wolle entschuldigen, dass ich dennoch zurückkomme.

In unseren Militärspitälern ist der ordinirende Arzt verpflichtet,

Morgens und Abends zur bestimmten Zeit die Krankenvisite zu halten, in Gegenwart desselben müssen die Wunden jedes Kranken gereinigt und die Verbände angelegt werden. Dies verstehen wir unter der geregelten Visite. Wurde die Visite in dieser Weise von preussischen Aerzten gehalten? Die mich begleitenden Aerzte und ich haben uns von dem Gegentheile überzeugt.

Frau Simon, eine Dame, welche, wie bekannt, als Vertreterin des internationalen Vereines in Sachsen in den Lazarethen des Kriegsschauplatzes die Gaben des Vereines vertheilte, drückte in Hradek in meiner Gegenwart dem Landesmedizinalrathe von Böhmen Dr. Skoda ihr Erstaunen darüber aus, dass unsere Aerzte jeden Verwundeten täglich selbst reinigen und verbinden, während dies früher dem Wärterpersonale überlassen gewesen sei. Ist diese geregelte Visite zweckmässig, fördert dieselbe das Wohl der Verwundeten? Es wird kaum Jemand wagen, das Gegentheil zu behaupten.

In der Zeit der Ueberfüllung der Lazarethe musste man wohl wegen der zu grossen Zahl die Reinigung und den Verband der leicht Verwundeten den Wärtern überlassen, und dieses Gebahren hatte zur Zeit, in welcher die Zahl der Verwundeten wesentlich vermindert war, sich in manchen Lazarethen statt nun eingeengt zu werden, auch auf den Verband der schwer Verwundeten ausgedehnt.

Meine Klage über Mangel an Reinlichkeit bis zu hochgradigem Schmutz, welcher die nachtheiligsten Folgen für Verwundetenspitäler herbeiführen muss, die Heilung verzögert, Pyämie und Nosokomialgangrän bedingt, als Absurdität zu bezeichnen, welche keine Erwiderung verdient, ist gegenüber den Thatsachen, welche ich gebracht habe, eine beispiellose Leichtfertigkeit, und wird ihren Zweck, jene Thatsachen in Vergessenheit zu begraben, nicht erreichen.

Herr v. Langenbeck weiss doch, wie ich, dass reine Luft in den Krankenzimmern und deren nächster Umgebung, Entfernung aller verunreinigten Stoffe und Verbandmittel aus den Krankenzimmern, Reinigung des Kranken und seiner Wunden, Desinfektion der Aborte, kurz Reinlichkeit in jeder Beziehung so wichtig sind, dass bei Vernachlässigung dieser ersten Bedingungen die operirten Kranken nicht genesen, die Verwundeten nicht den Verwundungen sondern den Hospitalkrankheiten erliegen.

Mit Hinblick auf die nachtheiligen Wirkungen, welche die Ausserachtlassung, dieser wichtigen Bedingung nach meinen Wahrnehmungen hatte, und gegenüber der schnöden Abfertigung, mit welcher Herr v. Langenbeck darüber hinwegzukommen trachtete, sehe ich mich gezwungen, aus den administrativen Berichten unserer Chefärzte bei der Uebernahme der Lazarethe beweisführende Auszüge zu geben:

„Was jedoch die hygienischen Massregeln betrifft, so liessen dieselben so Manches zu wünschen übrig; so wurde Reinlichkeit fast allenthalben vermisst. Die Bett- und Leibwäsche war meist sehr unrein, sehr viele Strohsäcke und Matratzen gänzlich durchgefault, in den Betten alle möglichen schmutzigen Fetzen, unter dem Kopfe, nebst den oft vom Blute ganz durchtränkten Montursstücken, schmutzige Federpölster.

Nedélist. am 9. September 1866.

Dr. Spanner.
Regimentsarzt.

„In Betreff des Zustandes des Spitals muss sich der Gefertigte dahin äussern, dass die Reinlichkeit sowol der Kranken als der Lokalien, in welchen selbe untergebracht waren, sehr viel zu wünschen übrig liess, und kurz gesagt, keine solche war, wie man sie bei einer geregelten Spitalsverwaltung hätte erwarten sollen.

Nechanic, am 9. September 1866.

Dr. Alois Haberhauer.
Regimentsarzt.

Ein Umstand musste jedoch gleich bei einem oberflächlichen Ueberblicke auffallen, dass nämlich die Handhabung der Reinlichkeit namentlich frische Füllung der Strohsäcke, öfteres Wechseln der Bett- und Leibwäsche so Manches zu wünschen übrig liess.

Die beiden luftigsten, am besten zu ventilirenden, daher geeignetsten Räume bilden die Reitbahn und das Theater; jedoch machte sich in dem letzteren, sowie in den übrigen Räumen der Einfluss des lange dauernden Belages mit sehr kopiös eiternden Wunden dem Geruchsinne bemerkbar; es musste daher als eine der ersten und wichtigsten Aufgaben der Spitalsverwaltung betrachtet werden, einestheils für grössere Reinlichkeit zu sorgen, anderntheils für die Verwundeten andere Lokalitäten auszumitteln, deren Reinigung sich leichter durchführen liess. Es wurden also für sämmtliche Verwundete die Strohsäcke entweder ganz erneuert, oder nach geschener Reinigung mit frischem Stroh gefüllt, die mit Eiter durchtränkten Seegrasmatratzen ganz ausgeschieden, und nur die reinen wieder verwendet, die Bettwäsche durchgehends gewechselt, und die Kranken in gereinigte, mit Kalk frisch übertünchte Zimmer gelegt. Ebenso wurde das Theater für einige Tage geräumt, mit Chlor geräuchert, die Wände übertüncht und hierauf erst wieder belegt.

Schloss Hradek, am 10. September 1866.

Dr. W. Scholz.
k. k. Reg.- und Chefarzt.

Was den Zustand des übernommenen Lazarethes, sowie der darin befindlichen Kranken anbelangt, so war derselbe ein in vieler Beziehung vernachlässigter. In sämmtlichen Höfen, Gängen und Krankenzimmern des Schlosses war massenhafter Unrath angesammelt, und eine verdorbene, höchst übelriechende Luft anzutreffen. In den meisten Betten der Verwundeten, sowie in den Kästen der Krankenzimmer lag zahlreiches, theils reines, theils aber auch schon gebrauchtes und verunreinigtes Verbandmateriale zerstreut, die Bett- und Leibwäsche vieler Verwundeter war von Eiter und Wundsekret buchstäblich durchtränkt, und die meisten

Verbände in einem so derouten Zustande, dass es mehrere Tage hindurch der angestrengtesten Thätigkeit bedurfte, um Ordnung und Reinlichkeit zu erzielen. Insbesondere waren es die Gypsverbände, welche nicht blos Auge und Nase durch ihre Unförmlichkeit und vernachlässigten Zustand beleidigten, sondern sich auch für die Verwundeten direkt schädlich erwiesen, indem sie eine bis in das Monströse gehende Schwellung und Abschnürung der Weichtheile, und dadurch eine üble Beschaffenheit der Wunden bewirkten, wesshalb die Verwundeten von denselben befreit und mit einfachen Unterlagsverbänden in Hohlschienen von Drath versehen, ihre Dankbarkeit in Wort und Miene äusserten.

Was den Gefertigten in hohem Grade indignirte, war besonders der Umstand, dass bei der Uebernahme des Lazarethes von dem Vorhandensein einer Leiche in der Leichenkammer des Schlosses keine Erwähnung gethan wurde, und derselbe nach mehreren Tagen durch den üblen Geruch darauf aufmerksam gemacht, die Thüre der Leichenkammer, in Ermanglung des Schlüssels, erbrechen, und den in starker Verwesung vorfindlichen Leichnam allsogleich bestatten lassen musste.

Jicin, am 10. September 1866.

Dr. Riedl,
Regiments-Arzt.

Ein Uebelstand, dem sogleich nach Uebernahme des Spitals abgeholfen werden musste, lag in der geringen Sorgfalt, die auf das Reinhalten der Lokalitäten des Schlosses im Allgemeinen verwendet worden war, namentlich die Höfe und die Aborte wurden in sehr vernachlässigtem Zustande getroffen.

Gleich nach der Uebernahme wurden die Höfe, Gänge und Krankenzimmer gescheuert und gereinigt, der am meisten übelriechende Abort vernagelt.

Nachod, 11. September 1866.

Dr. Lany,
k. k. Oberarzt.

Was zunächst den Zustand der Reinlichkeit der übernommenen Spitalslokalitäten und Kranken betrifft, so liess dieser viel zu wünschen übrig, denn an eine Reinigung der mit Jauche und Blut getränkten Fussböden, so wie an eine Ausräumung der Latrinen war bisher nicht gedacht worden.

Mehrere von den preussischen Aerzten vorgenommene Desinfektions-Versuche der Latrinen mit Chlorkalk und Eisenvitriol führten aus dem Grunde zu keinem Resultate, als bei der ungeheuren Anhäufung von Exkrementen und mit Jauche getränktem Verbandzeuge, wohl nur eine sehr mangelhafte und oberflächliche Desinfektion mit obgedachten Substanzen stattfinden konnte. In einem Spitale, wo nicht die Hauptbedingungen zur Genesung erfüllt werden, wo nämlich nicht für genügende Reinlichkeit der Kranken sowohl, als der Belagräume und für reine Luft gesorgt wird, ist auch der Heiltrieb kein besonders günstiger, und es muss daher bemerkt werden, dass vielleicht bloss aus diesem Grunde der Zustand der übernommenen Verwundeten viel zu wünschen übrig liess.

Königinhof, am 11. September 1866.

Dr. Neugebauer,   Dr. Friedr. Golling,
k. k. Reg.-Arzt.   k. k. Reg.-Arzt.

Das Postgebäude war im Allgemeinen zu überfüllt, die Reinlichkeit in den Krankenzimmern, Betten, Bettwäsche, Verbänden, Gängen, Aborten und im Hofraume liess sehr viel zu wünschen übrig, und die sehr schlechten Folgen der Unreinlichkeit zeigten sich in dem Auftreten von Pyämie und Brand, so zwar, dass das Gebäude innerhalb der ersten drei Tage vollkommen geräumt wurde, um darin eine gründliche Desinfektion vornehmen zu können.

Trautenau, 10. September 1866.

Dr. Rock,
k. k. Regimentsarzt.

Wenn gleich in Bezug auf Reinlichkeit und Reinhaltung der von den Preussen übernommenen Lokalitäten H. Nr. 73 und 64 wenig genug geschehen war, wenn insbesondere die Aborte in einem abscheulichen Zustande sich befanden, so fand sich doch nicht jene Masse von Schmutz, wie anderwärts, und ist dieses wohl der Thätigkeit der Schwestern in jenen Häusern zuzuschreiben. Die Betten der Kranken waren, insbesondere die Unterlagen, in einem schmutzigen Zustande. Die Kranken waren in den genannten Häusern ziemlich gut genährt, besser in Nr. 73. Dieselben waren jedoch sehr ungenügend gereinigt. Nicht nur war die Umgebung fast aller Wunden mit eingetrockneten Wundsekreten, Heftpflaster etc. beschmutzt, sondern am ganzen Körper fand sich meist noch Staub und Schmutz, der von den Märschen herdatirte.

Trautenau, 11. September 1866.

Dr. Johann Pichler.

Der Zustand des Hospitals (die Schule) war ein wenig befriedigender. Die Zimmer starrten vom Unrathe, sie waren vollgepfropft mit Schulbänken und andern unnützen, leicht wegzuschaffenden Geräthen, welche nicht nur den ohnehin sehr spärlichen Raum noch mehr beengten, sondern auch der Ansammlung von gebrauchten Verbandstücken, Abfällen etc. eine willkommene Stätte darboten. Der Zimmerboden trug eine dicke Schmutzschichte. Die Retiraden waren auch stark verwahrlost; der sich alldort entwickelnde Ammoniakgeruch auch für einen Gesunden kaum zu ertragen.

Längs der ganzen Aussenseite der rechten Seitenmauer des Schulgebäudes waren Haufen verfaulender Charpie angesammelt; ein Zeichen, dass man die verbrauchten Verbandstücke ganz einfach dadurch zu entfernen pflegte, dass man dieselben zum Fenster hinauswarf. Die Kranken selbst lagen theils ohne jeden Verband, theils in Gyps- und Schienenverbänden, die durch ihren

c

wahrlich sehenswürdigen Schmutz von ihrem wohl spärlichen Wechsel lautes Zeugniss abgaben.

Trautenau, 11. September 1866.

Dr. Mosetig.

Alle Kranken waren höchst unrein und vernachlässigt gehalten, ihr Leib wochenlang nicht gewaschen. Ihre Leib- und Bettwäsche wochenlang nicht gewechselt, voll Eiter-, Charpie- und Exkrementenresten. Die Strohsäcke und Matratzen waren theilweise verfault. Die Zimmer waren monatelang ungewaschen, alle Utensilien unrein. Die Aborte waren besonders vernachlässigt. Keine Spur von Desinfektions-Versuchen. Ueberall lag der Unrath umher. Alte Verbandstücke, Charpie, ja sogar nekrotische Knochen. — Um das Spital, den Keller und die Baracke Nr. 1 lagen ganze Haufen solcher Abfälle, so dass eine zwei Klafter lange, 4 Schuh breite, 1 Klafter tiefe Grube damit ausgefüllt wurde. Solche Einflüsse und ihr Resultat bedürfen keines weitern Kommentars.

Trautenau, 12. September 1866.

Dr. Mundy,
k. k. Regimentsarzt.

Schloss und Schiessstätte dürften schon morgen von allem Schmutze gereinigt sein. Die Schwestern, die erst heute vollzählig und dienstfähig sind, unterstützen mich in der Räumung des Augiasstalles.

Reichenberg, 12. September 1866.

Dr. Neudörfer,
k. k. Regimentsarzt.

Man wird nach Lesung dieser Blumenlese aus den Berichten die Ueberzeugung gewonnen haben, dass in der grossen Mehrzahl der Lazarethe die wichtigste Bedingung für die Heilung der Verwundeten, die Reinlichkeit, ausser Acht gelassen war, und jeder unparteiische Fachmann, jeder verständige Laie wird dem Herrn Dr. Adolf Leopold Richter, vormals General- und Korpsarzt des k. preussischen 8. Armeekorps, beistimmen, wenn er pag. 85 seines Werkes über das Militär-Medizinalwesen Preussens, Darmstadt und Leipzig 1867, mit vollem Recht behauptet, dass der Lehrkurs über Militär-Hygiene für die preussischen Militärärzte unumgänglich nothwendig sei, weil sie zum Zwecke habe, das Wohl des Soldaten in allen Richtungen und Lagen desselben wahrzunehmen.

Von der Beköstigung schreibt Herr v. Langenbeck:

Herr v. Dumreicher tadelt an derselben, dass sie im Allgemeinen eine viel zu üppige gewesen sei, so dass man geneigt werden könnte, ihr einen Antheil an der „grossen Mortalität" beizumessen. Was den Erfolg der Uebernahme anbetrifft, sagt Herr v. Dumreicher, so waren die Verwundeten an den Orten, an welchen sie relativ gut verpflegt wurden, in den ersten Tagen nicht befriedigt, indem sie gewohnt waren, fünfmal im Tage Butterbrod zu essen. Herr v. Dumreicher erkannte diesen Uebelstand, und machte die Verpflegung dadurch zu einer relativ besseren, dass er seinen Verwundeten den Brodkorb etwas höher hing, und siehe da, in kurzer Zeit waren dieselben zur Einsicht gelangt,

„dass die geregelte Kost besser bekomme". Hat der Redner nicht bedacht, dass er sich durch diesen Ausspruch grosse Verantwortlichkeit zuzieht, und dass es unserer Intendantur leicht einfallen könnte, auf seine Autorität gestützt, für die Zukunft die Prinzipien „der geregelten Kost" zu adoptiren? Aber ich glaube vielmehr, dass Herr v. Dumreicher sich nur Illusionen hingegeben hat, welche durch die grosse Anzahl der in ihre Heimath zurückgekehrten österreichischen Verwundeten wahrscheinlich bald ihre Widerlegung gefunden haben. Denn die ungeregelte Kost, die fünfmalige Tagesspende von Butterbrod, der Wein, von welchem die Kranken manchmal zu viel bekommen haben sollen — ist ihnen schliesslich doch ganz gut bekommen. Es ist wahr, dass die Freigebigkeit unserer Armee-Verwaltung und die überaus reichen Spenden an Lazareth- und Erquickungsgegenständen der ausgesuchtesten Art, welche wir den Komité's in der Heimat und im ganzen Norden verdankten, die unablässige Ueberwachung und Vertheilung dieser Spenden an alle Lazarethe, durch die St. Johanniter-Ritter, uns die Mittel gaben, eine Lazarethpflege herzustellen, wie sie wohl bis jetzt in keinem Kriege gehandhabt worden ist. Es hat seine Richtigkeit, dass die Pflege der Verwundeten einen Luxus erlaubte, wie ihn sonst nur die durch keine Rücksichten der Sparsamkeit beengte Privatkrankenpflege kennt. Aber ich vermag Herrn v. Dumreicher durch die Versicherung zu beruhigen, dass die allgemeine Kriegserfahrung zeigt, dass Verwundete nicht gut genug verpflegt werden können, und dass reichliche gute Nahrung und Wein wichtigere Heilmittel sind, als alle Arzeneien. Auch darf ich behaupten, dass die österreichischen Verwundeten keineswegs das Vorgefühl hatten, dass die Pflege und geregelte Kost des Herrn v. D. ihnen besser bekommen werde, als die bisherige. Denn eine Anzahl österreichischer Offiziere verlangte mit Ungestüm in die Heimat entlassen zu werden, und ging unserer Abmahnung zuwider dahin ab, als der Besuch des Herrn v. D. ihnen die Gewissheit gegeben hatte, dass sie nun bald in österreichische Pflege übergehen würden. In Hradek, welches von Herrn v. D. am härtesten getadelt wird, wurden unsere Aerzte von den verwundeten Mannschaften in den meisten Sprachen der polyglotten österreichischen Armee bestürmt, sie nicht zurückzulassen, sondern sie mit sich nach Preussen zu nehmen. In Nechanitz weinten die Verwundeten, als unsere Aerzte Abschied von ihnen nahmen. Zeugen dieser Szenen waren nicht etwa nur die preussischen Aerzte und Beamten, sondern auch ein paar höhere russische Aerzte, welche damals in Böhmen weilten.

Herr v. Langenbeck beliebt mir in den Mund zu legen, die Kost sei unter preussischer Pflege eine zu üppige gewesen, eine Behauptung, welche in den Auszügen nicht zu finden ist, welche Herr v. Langenbeck zu seinen Angriffen gegen mich benützte, denn in der „militärärztlichen Zeitung" ist zu lesen: „An den Orten, an welchen die Verwundeten von den Preussen relativ gut verpflegt wurden, waren unsere Verwundeten in den ersten Tagen nicht befriedigt, indem sie gewohnt waren fünf Mal im Tage Butterbrod zu essen. Ich sagte mit Absicht „an den Orten, wo sie gut verpflegt waren" denn ohngeachtet der ausnahmsweisen Lage der Lazarethverwaltung die

Verwundeten sehr gut verpflegen zu können, durch eine Freigebigkeit, die sehr leicht zu fassen ist, wenn man bedenkt, dass die Lebensmittel vom eroberten Lande ohne Ersatz geliefert werden mussten, waren die Verwundeten in Vsestarz, Sweti, Masloved, Nedelist, Trautenau, wie dies aus den beiliegenden Berichten hervorgeht, in der Beköstigung mangelhaft und theilweise schlecht besorgt.

Die Mühe, mich belehren zu wollen, dass Verwundete gut genährt werden müssen, hätte Hr. v. Langenbeck füglich sparen können, denn in der Speisordnung, die ich bei der Uebernahme einführte, ging ich von der Ansicht aus, dass die Verwundeten gut, und zwar insbesondere mit Fleisch genährt werden müssen, daher erhielten sie Mittags gekochtes Fleisch und Abends Braten. Die patriotischen Vereine in Wien und Prag und das Depot der Festung Josephstadt lieferten den Wein.

Unter den Beilagen dieser Erwiderung findet sich das Protokoll,*) aus dem jeder Fachmann ersehen wird, dass für die Kost der Verwundeten nach der Uebernahme gut und entsprechend gesorgt worden war. Bei meiner letzten Rundreise lohnte die Zufriedenheit und das bessere Aussehen der Verwundeten meine Mühen, denn **gesunde frische Luft, Reinlichkeit, zweckentsprechende Nahrung und sorgsame liebevolle Pflege sind die wichtigsten Faktoren, um im Feldlazarethe glücklichere Resultate zu erzielen.**

Die Sehnsucht der Verwundeten nach der Heimat wird Jedermann begreiflich finden, und sie konnte erst nach dem Friedensschlusse befriedigt werden**). Der Begründung derselben durch Hrn. v. Langenbeck stelle ich den Fall eines Offiziers in Hradek entgegen, der obgleich er mich früher nicht kannte, in einen Strom von Freudenthränen ausbrach, als ich ihn besuchte, — er fühlte sich glücklich, dem österreichischen Arzte die Hand zu drücken. Welches Gefühl war wohl das natürlichere, und daher wahrscheinlichere?

Wohl darf ich weiters fragen?

Wem dankten unsere Verwundeten die ausnahmsweise bessere Pflege? Etwa — der preussischen Lazarethverwaltung? In welchem Zustande wären die Lazarethe gewesen, ohne den wohlthätigen Einfluss der selbstständigen Thätigkeit der St. Johanniter-Ritter und ohne deren reiche Spenden?

Wer hat die Verwundeten auf Matratzen gebettet, mit Wäsche und Bettdecken versehen, die vielen zweckmässigen Zelte geschafft? Die Badewannen für die verwundeten Extremitäten hergestellt; die Verwundeten mit Kaffee, Wein und Luxusartikeln erquickt? Wer versorgte die Lazarethe mit Drahthosen, Schienen und Verbandrequisiten u. m. A. Wer besorgte die Korrespondenz der Verwundeten? Die Johanniter-Ritter. Ich zollte der Thätigkeit dieser edlen Männer den Tribut der vollen Verehrung, der ihrem aufopfernden humanen Wirken gebührt.

Im eigenen preussischen Lager erkannte man, dass Einiges faul

---
*) Siehe Beilage S. XXI.
**) Siehe Beilage S. XIX.

sei. Statthaltereirath Dr. Skoda richtete am 25. März d. J. ein Schreiben an mich, aus welchem ich folgende Stelle der Oeffentlichkeit übergeben darf:

„Graf Solms jun. hat die Aufforderung, das Treiben der preussischen Militärärzte betreffend, zu veröffentlichen, am 10. oder 11. September am Nechanitzer Stadtplatze an mich gerichtet. Ich habe dieses Ansinnen mit dem Bemerken entschieden abgelehnt, dass bei dem Umstande, als Graf Solms einen genauen Einblick in dieses Treiben besitze, es seine Sache sei, diese Angelegenheit am geeigneten Orte zur Sprache zu bringen. Graf Solms scheint in diesem Sinne gehandelt zu haben, indem Hr. v. Zastrow anlässlich des mir im Laufe des Monates Oktober in Prag gemachten Besuches mir ohne Aufforderung, selbst ohne die geringste Anregung, die Mittheilung gemacht hat, die Untersuchung gegen einige in Nechanitz verwendet gewesene Sanitätsorgane sei bereits eingeleitet worden."

Die Aufgabe der Lazarethverwaltung war es, dafür Sorge zu tragen, dass bei den ausnahmsweise günstigen Verhältnissen die Verpflegung der Verwundeten, eine gleichmässige geworden wäre, daher zu verhüten, dass die Verwundeten in einzelnen Lazarethen Mangel litten, in anderen entsprechend verpflegt waren, in wenigen Ueberfluss hatten.

Die Beköstigung der Verwundeten so geregelt, wie ich sie bei der Uebernahme der Lazarethe besorgt habe, hätte die Verwundeten jeder Nation zufrieden gestellt, umsomehr, da es durch wohlthätige Spenden möglich war, denselben noch einzelne Luxusartikel zu schaffen. „Die Verantwortlichkeit nehme ich auf mich, wenn es der preussischen Intendantur einfallen sollte, für die Zukunft die Prinzipien der geregelten Kost zu adoptiren". Die diesfällige Phrase des Herrn Geheimrathes ist eben — ein schlechter Witz, und entbehrt des sittlichen Ernstes.

Von den preussischen Verwundeten, welche sich in unseren Spitälern befunden haben, ist, wie Herr v. Langenbeck selbst bestätigt, die ihnen zu Theil gewordene Behandlung nur gerühmt worden, und wenn ein hochgestellter sächsischer Arzt den Zustand der verwundeten Sachsen in denselben Spitälern als einen höchst beklagenswerthen schilderte, so kann ich hierauf ihm selbstverständlich insolange nicht antworten, als jede Angabe von einschlägigen Thatsachen mangelt, aber wahrscheinlich ist es wenigstens nicht, dass die uns befreundeten Sachsen eine minder gute Behandlung erfahren haben sollen, als unsere Feinde.

Noch ein Schlusswort über das von Herrn v. Langenbeck — persifflirte Ammensystem!!!

Herr v. Langenbeck sagt: Etwa wie man eine Amme gut pflegt, damit der Säugling reichliche Nahrung bekomme, so hatte Herr v. Dumreicher die verarmten Kommunen in der Nähe des Schlachtfeldes mit Geld, Getreide und Schlachtvieh versehen, um sie in Stand zu setzen, die Verwundeten zo ernähren.

Ich habe Grund anzunehmen, dass dieses Ammensystem sich wenigstens Anfangs nicht bewährt habe. Denn nachdem unsere Anerbietung der k. k. österreichischen Verwaltung unsere Depots zur Verfügung zu stellen, zuerst zurückgewiesen worden war, wurden diese bald dringend von uns erbeten. Herr v. Dumreicher hätte nun zur Steuer der Wahrheit angeben sollen, dass die österreichische Verwaltung nur dadurch in den Stand gesetzt wurde, die Pflege ihrer Verwundeten zu ermöglichen, dass Verpflegs- und Erquickungsgegenstände aller Art aus unseren Depots mit der grössten Liberalität zurückgelassen wurden. In Nechanitz wo sich zur Zeit der Uebergabe gegen 30 österreichische Verwundete befanden, wurden beispielsweise 258 Hemden, 38 Matratzen, 75 Decken, 244 Betttücher aus unseren Depots dem dortigen Bürgermeister übergeben. Ausserdem schenkten unsere Aerzte dem dortigen Bürgerspital, in welchem noch 12 Verwundete lagen, eine grosse Menge von Lazareth-Utensilien aller Art, welche ihnen aus ihrer Heimat, Rheinpreussen, zur freien Disposition zugesandt waren. Den 11, in der Nähe des Schlachtfeldes gelegenen Feldlazarethen wurden aus unseren Depots geschenkt: 1656 Hemden, 332 Matratzen, 1007 Bett-Tücher nebst Lazareth-Utensilien aller Art in entsprechender Menge, an Viktualien unter andern 2040 Pfund Kaffee, 1155 Pfund Gries, 2296 Pfund Erbsen, 464 Flaschen Rothwein, 90 Pfund Chokolade, 330 Pfund Sago, 5100 Pfund Graupen. Ich veröffentliche dieses nicht ohne Zögern, weil ich darauf gefasst sein muss, mir dadurch vielleicht die Missbilligung der edlen Spender jener Gaben zuzuziehen, welche dieselben für alle Verwundeten ohne Unterschied der Nationalität bestimmt hatten. Ist es aber diesen Thatsachen gegenüber wohl glaublich, dass, wie Herr v. Dumreicher behauptet, die Verwundeten in den Lazarethen die längste Zeit keine Leibwäsche erhalten, dass Betten und Strohsäcke verunreinigt und verfault gewesen sein sollen. Ist es anzunehmen, dass wir die Verwundeten hätten im Schmutze verkommen lassen sollen, um schliesslich unsere reichen Vorräthe und stellenweise eine dreifache Garnitur an Bett- und Leibwäsche den Oesterreichern zu schenken? Mit gleicher Liberalität wurden die österreichischen Verwundeten in den Lazarethen Sachsens und Preussens behandelt, von denen viele, obwohl sie nur improvisirte Lazarethe waren, als wirkliche Musteranstalten gelten konnten.

Der Auftrag des Herrn Grafen Stollberg ddo. Horic 24. August in Betreff der Uebergabe der Lazarethgegenstände des St. Johanniter-Ordens lautet:

„In Betreff der Uebergabe der bisher preussischen Lazarethe an die k. k. österreichische Lazarethverwaltung, wünsche ich, dass nach folgenden allgemeinen Normen verfahren wird:

1. Den Johanniter-Ritter, Kammerherrn von Zastrow beauftrage ich als Kommissarius für die freiwillige Krankenpflege mich bei diesem Geschäfte in jeder Weise zu vertreten.

2. Die Lazarethe sind mit ihrem ganzen Inhalte, wie sie stehen und liegen der k. k. Lazarethverwaltung zu übergeben.

3. Lagerstätten, Bett- und Leibwäsche, sowie alle Utensilien werden in ein Verzeichniss aufgenommen und über deren Empfang wird Seitens der k. k. österreichischen Behörde quittirt.

4. Eine Entschädigung an Geld etc. wird in keinem Falle unsererseits gefordert oder stipulirt.

5. Wenn Seitens der k. k. österreichischen Lazarethverwaltung katholische oder evangelische Schwestern und Brüder zur fernern

Pflege gewünscht werden, so ist darüber mit meinem Herrn Stellvertreter Johanniter-Ritter v. Zastrow zu verhandeln, der wiederum sich mit den geistlichen Vorgesetzten der genannten Schwesterschaften etc. ins Einvernehmen zu setzen haben wird.

6. Soweit es nothwendig und gewünscht wird, können aus unsern Depots die darin vorhandenen Vorräthe an Esswaaren und Erfrischungen denjenigen pflegenden Schwestern oder Brüderschaften, welche auch unter k. k. österreichischer Verwaltung in den Lazarethen bleiben sollten, zur weiteren Vertheilung an ihre Blessirten und Kranken überwiesen werden, oder direkt an die k. k. österreichische Lazarethverwaltung."

Herr v. Zastrow theilte mir den Auftrag noch am 24. August in Horzitz mit, und ich sprach demselben meinen wärmsten Dank dafür aus, da ich dadurch in die Lage gesetzt war, die Lazarethe in einer Weise zu übernehmen, welche unseren Verwundeten bei der Uebergabe viele Erleichterungen sicherte.

Unwahr ist es daher, dass ich das Anerbieten des Johanniter-Ordens Herrn v. Zastrow gegenüber — und nur mit Herrn v. Zastrow war ich in Betreff der Uebernahme in Verhandlung getreten — zurückgewiesen habe.

Eine natürliche Delikatesse verhinderte mich jedoch als österreichischen Bevollmächtigten, die Bitte um Ueberlassung von Lebensmitteln und Luxusgegenständen aus den Depots zu stellen, weil es meine Aufgabe war, für die nothwendig gute Verpflegung aus Eigenem Sorge zu tragen, und ich aus den Mittheilungen des Hrn. v. Zastrow entnommen hatte, dass die Johanniter für ihre eigenen Verwundeten in Prag und Schlesien der Vorräthe in ihren Depots bedurften. **Ohne mein Ersuchen wurden bei dem Abzuge der Johanniter aus den Depots in Horzitz und Trautenau, — jedoch an keinem andern Orte —** nach der Uebernahme Kaffee und andere Gegenstände den Gemeindevorständen übergeben, welche unsern Verwundeten an diesen Orten zu Gute kamen, und wofür wir den Johannitern dankbar verpflichtet sind, obgleich, wie mich Herr v. Zastrow zu wiederholten Malen versicherte, diese Gaben von den Spendern für Verwundete ohne Unterschied der Nationalität auf den Altar der Humanität gelegt worden waren.

In Nechanitz wurden nicht 30, wie Herr v. Langenbeck angibt, sondern 46 Verwundete übernommen. Den von Herrn v. Langenbeck angeführten Geschenken der Aerzte in Nechanitz gegenüber kann ich nur entgegnen, dass die preussische Intendantur der Gemeindeverwaltung zumuthete, ihr die in der Gemeinde requirirten Bettstellen, welche königlich preussisches Eigenthum geworden seien, mit Geld abzulösen, und zugleich auf die Beilage*) verweisen.

Wenn Herr v. Langenbeck sagt: „dass die österreichischen Verwundeten den unserigen vollkommen gleichgehalten wurden in ärztlicher und körperlicher Pflege", es verstand sich das wohl von selbst, so wird Herr v. Langenbeck durch Einsicht der Beilagen und des Protokolls,

---

*) S. Beilage S. XXII.

dessen Abschrift ich ihm, wie ich schon bemerkte, auf geeignetem Wege übermitteln werde, einsehen, dass es nicht immer der Fall war Herr v. Langenbeck schliesst seinen Artikel, indem er sagt: „Herr v. Dumreicher sollte wissen, dass es nach einem grossen Kriege für den Arzt eine schönere Aufgabe gibt, als die Leistungen der Gegner zu verdächtigen: nämlich die, zu untersuchen, wo die Sanitätspflege einer Verbesserung bedarf, und wie das bisher ungelöste Problem einer ausreichenden Pflege der Verwundeten nach einer grossen Schlacht seiner Lösung näher geführt werden kann. Diese Aufgabe von höchster Seite gestellt, beschäftigt jetzt die Militärärzte in Preussen. Möge Oesterreich nicht zurückbleiben!"

Ich antworte Herrn v. Langenbeck: Die wahrheitsgetreue Mittheilung von Thatsachen und der unumwundene Ausdruck der logischen und praktischen Folgerungen aus denselben —ist keine Verdächtigung des Gegners.

Ich habe den Beweis der Wahrheit angetreten und geführt; der unparteiische Leser wird aus meiner Erwiderung und nach Durchsicht der Beilagen das Urtheil fällen müssen, dass die preussische Lazarethpflege in Böhmen an den Missständen litt, welche ich in meinem von Herrn v. Langenbeck angegriffenen Vortrage rügte, und er wird zugleich die Einsicht gewonnen haben, dass ich diess in schonender Form und mildem Tone gethan, und dass ich die sachlichen Verhältnisse und die Fragen, welche gegenwärtig auch die Militärärzte in Preussen beschäftigen, weitaus über diejenigen stelle, welche nur den Charakter des Persönlichen an sich tragen.

Gerade die Bemerkungen des Herrn v. Langenbeck zeigen, dass ich eine heilige Pflicht zu erfüllen bemüht war, indem ich die Mängel der Sanitätspflege erörterte, deren klare und rücksichtslose Anerkennung der dringend gebotenen Verbesserung nothwendig vorhergehen muss, denn leider beweiset eben der Aufsatz Langenbeck's auch die vollständige Unkenntniss der grossen Uebelstände, welche im preussischen Lazarethwesen in jener Probezeit an den Tag kamen.

Diese Aufgabe zu lösen gibt es aber nur einen Weg, den Weg der Wahrheit, und der geht über steinigen Boden und durch Dornenhecken — so in der Wissenschaft wie im praktischen Leben. Wer es aber in unserer Zeit der Oeffentlichkeit „Verdächtigungen" nennt, wenn man erforschte Missstände und Mängel zum Zwecke der Verbesserung vor einem fachmännischen Publikum bespricht, der ist nicht berufen — wie sehr er auch den Fortschritt im Munde führen mag — mit Selbstverläugnung den rauhen Pfad der Erkenntniss zu gehen, und männlichen Sinnes die Dornenstiche zu ertragen, welchen Keiner entgeht, der ihn wandelt.

Da es sich für mich um die gute Sache, d. i. um „das Wohl verwundeter Krieger handelt, nicht um die Gunst dieser oder jener Persönlichkeit, so muss Herr v. Langenbeck mir erlauben, nach meinem Grundsatze, „Thue Recht, scheue Niemand" zu verfahren, und der Wahrheit die Ehre zu geben, muss gestatten, dass ich Wahrheiten ausspreche, welche zum Wohle aller wehrpflichtigen Männer

Anspruch haben auf die sorgfältigste und eingehendste Beachtung, der zu Berlin tagenden Kommission.

Nicht als idealistischer Philantrop habe ich gesprochen, sondern als Fachmann, welcher nur das Selbstbeobachtete und Selbstgeprüfte zum Gegenstand seiner Darstellung machte, und nur aus nachgewiesenen Thatsachen Schlüsse zog.

Gegen den Monopols-Anspruch, welchen Herr v. Langenbeck für sich und für einige seiner preuss. Kollegen erheben zu dürfen glaubte, allein und ausschliesslich über das preussische Lazarethwesen Kritik zu üben, und zwar selbst ohne genügende Kenntniss des Thatbestandes, — gegen diesen Anspruch ernstlich Verwahrung einzulegen, ist am heutigen Tage nicht nur den Fachgenossen, sondern auch verständigen Laien gegenüber kaum nothwendig. Um so mehr muss aber die Gereiztheit des Tones des Herrn v. Langenbeck in Staunen versetzen, da man doch offenbar in Preussen selbst das Lazarethwesen, wie es sich im letzten Kriege gebahrte, keineswegs für ein mustergiltiges ansieht, weil die königliche Regierung eine Kommission von wissenschaftlichen Kapazitäten und Militärärzten über die als nothwendig erkannten Reformen berathen lässt.

Nach den Ausführungen, welche ich gegeben, und mit Hinblick auf die Beilagen dieser Schrift — glaube ich erwarten zu dürfen, Herr v. Langenbeck werde, der Objektivität meiner Darstellung sein Auge nicht verschliessend, zur Einsicht gelangen, dass seine unkollegialen Angriffe gegen meinen Vortrag und gegen mich sich durchwegs auf die unsichere Grundlage kurzer und theilweise irriger Referate stützen; dass bei dem Mangel unmittelbarer Wahrnehmungen der thatsächlichen Verhältnisse, er in die Lage kam, unwahren Gerüchten sein Ohr leihend, sich unberechtigte Angriffe auf die Ehre der österreichischen Militärärzte zu erlauben; er wird zugeben müssen, dass die Schlüsse, in welchen er einen verletzenden Tadel des österreichischen Sanitätswesens aussprach, sachlich und logisch unrichtig waren; ist es doch dem Herrn Geheimrath begegnet, dass in der fast vereinzelt dastehenden Thatsache, wo er auf eigene Erfahrung sich berief — auf eine Unterredung mit mir — ihm die Untreue seines Gedächtnisses einen unangenehmen Streich spielte, welcher jedenfalls bedauernswerther für ihn sein muss — als für mich.

Was meine geneigten Leser betrifft, so haben sie sich wohl aus der Reproduktion des Artikels des Herrn v. Langenbeck über den Ton und die Haltung desselben ihr Urtheil gebildet, und die wahrhaft stoische Enthaltsamkeit von allen sachlichen Gegenbeweisen in demselben bewundert, — daher kann ich mich jeder Kritik über die Form jenes Aufsatzes entschlagen, und mich darauf beschränken, nur das Eine zu erwähnen, dass ich Herrn v. Langenbeck's Unterschrift lesen und wieder lesen musste, um meinem physischen Auge mehr zu trauen, als der Meinung, welche ich bis dahin von dem Gefühle für gute Lebensart und fachmännischen Anstand meines Kollegen hegte. Fürwahr die Phrase des Herrn v. Langenbeck:

„Uns aber will es scheinen, dass es fast ein Verbrechen sei, eine so ernste und heilige Sache, wie es die Pflege der Verwundeten ist, zumal nach einem solchen Kriege, wie einen Fastnachtscherz zu behandeln, und die eigenen Schäden mit Zufriedenheit und Weihrauch zu verdecken, während man den Gegner mit Schmutz bewirft, da, wo er es am wenigsten verdient"

hat die richtige Adresse verfehlt, und muss an Herrn v. Langenbeck in Berlin retournirt werden.

Nachdem ich die Angriffe, welche mir und meiner Thätigkeit auf dem böhmischen Kriegsschauplatze galten, zurückgewiesen, und die Missstände besprochen habe, welche ich in den preussischen Lazarethen wahrgenommen hatte, sei es mir gestattet, meine Erörterungen mit einigen allgemeinen Betrachtungen zu schliessen, — zu welchen die Bedürfnisse der Gegenwart dringend auffordern.

In der Zeit, in der wir leben, kann die Frage der Lazarethpflege nicht vertagt werden: es drängt sich jedem Menschenfreunde, um so mehr jedem Fachmanne der Wunsch auf, zur Lösung dieser Frage nach seiner Kraft beizutragen; ich halte es daher für meine Pflicht, in kurzen Umrissen meine Ansichten über die Organisirung der Feldlazarethe und des Dienstes in denselben mitzutheilen.

Jeder Mann, der sein Leben, seine Gesundheit, seine Glieder für das Vaterland der Gefahr aussetzt, hat fürwahr das Anrecht, wenn er im Dienste des Vaterlandes verwundet wird, als Opfer des Krieges, die möglichst beste Besorgung anzusprechen, ja, mit dem Rechte des opferwilligen Staatsbürgers vereinigen sich noch die Ansprüche der Humanität in der Anforderung, dass der Verwundete einer guten ärztlichen und allgemeinen Pflege nicht entbehre. Diese muss angestrebt werden, wenn auch die praktische Ausführung dieses ideale Ziel nie vollkommen erreichen lässt. Viele Millionen verschlingt die Ausrüstung zum Kampfe, viele Millionen der Krieg, aber auch die wenigen Millionen, welche die verwundeten Krieger mit Recht ansprechen können, sollen und dürfen im Kriegsbudget nicht fehlen.

Die Nordamerikaner haben in ihrem jüngsten Riesenkampfe hierin Mustergiltiges geleistet.

Mit den Ausrüstungen zum Kampfe sollen auch die Lazarethe nach nordamerikanischem Muster im Innern des Landes an den Eisenbahnen echellonirt, aufgestellt werden, mit allen Bedürfnissen und mit den Cadres fähiger Aerzte ausgerüstet, die Verwundeten erwarten. Damit im engsten Zusammenhange steht die zweckmässige Unterbringung und Pflege der Verwundeten.

Bei den Transportmitteln, die wir heutzutage besitzen, wird die Mehrzahl derselben vom Kriegsschauplatze hinweg in grössere Entfernungen von demselben transportirt werden können. Das Zerstreuungssystem hat sich bewährt, und wird sich noch besser bewähren, wenn man dieselben nicht in die Gemeinden zerstreut, sondern in vorbereiteten, gut eingerichteten Feldlazarethen oder Feldspitälern unterbringt. Wird endlich die Genfer Konvention durch eine praktische Reform zur Wahrheit, so werden die Lazarethe die Asyle sein, in welchen die Unglücklichen aus beiden Lagern Hilfe und Pflege finden werden.

Die Kostenfrage ist hiebei völlig untergeordnet, denn der siegende Theil lässt sich in Form der Kriegskontribution ohnehin auch die Kosten seiner Lazarethe ersetzen, wenn gleich dieselben nicht in einer besondern Aufstellung in der Rechnung erscheinen; der unterlegene Theil kann aber unmöglich Bedenken tragen, an die grossen Verluste, die er zu tragen hat, jenen kleinen Bruchtheil anzureihen, der seinen schwer heimgesuchten Kriegern wenigstens das Elend und die Leiden mindert, von welchen sie betroffen sind. Also mit der Ausrüstung zum Kriege soll gleichzeitig auch die Aufstellung der zweckmässig eingerichteten Feldlazarethe erfolgen.

Auf dem Kriegsschauplatze und in der nächsten Nähe der Schlachtfelder bleiben die Schwerstverwundeten zurück, deren Transport mit Nachtheil verbunden wäre, und jene, welche durch die Verzögerung der Auffindung oder durch Hemmnisse in den Transportmitteln nicht in die Ferne überbracht werden konnten; für diese müssen dann auch in der Nähe des Schlachtfeldes Lazarethe eingerichtet werden. Der Stand der Verwundeten in diesen einzelnen Lazarethen ist ein relativ kleiner und erreichte, nachdem die Transportablen in andere Lazarethe überbracht worden waren, im vorjährigen Feldzuge nur in Trautenau die Zahl von 400, während in der Mehrzahl der übrigen Lazarethe ihre Anzahl 75 bis 200 nicht überstieg.

Die Lazarethe am Kriegsschauplatze sollen daher als bewegliche Feldlazarethe oder Feldspitäler so eingerichtet werden, dass dieselben in Theile von etwa 100—125 Betten getheilt werden können, und selbstverständlich jeder einzelne Theil, sowohl in ärztlicher Beziehung als in Betreff der Beköstigung den Anforderungen vollkommen entspreche.

Die Anzahl der eigentlichen Militärärzte wird bei den Verhältnissen, in welchen die Kriegführung sich am heutigen Tage entwickelt, niemals ausreichen, um den ausgedehnten Anfordernngen zu genügen, welche an ihre Hilfeleistung gemacht werden müssen. Aber auch wenn auf Grund der allgemeinen Wehrpflicht die Civilärzte gehalten sein sollen, während der Kriegsdauer militärärztliche Dienste zu leisten, werden diese Dienste nur dann ausreichend nützlich sein, wenn die Regierung schon im Frieden die Leistungsfähigkeit der wehrpflichtigen Civilärzte kennt und registrirt, um nur jene Civilärzte mit der Leitung von Abtheilungen in Feldlazarethen zu betrauen, welche längere Zeit auf chirurgischen Abtheilungen in Spitälern gedient haben. Nur in grösseren Lazarethen, in welchen befähigte Chirurgen wirken, können auch in der Chirurgie weniger geübten und minder erfahrenen Aerzten Abtheilungen des Lazarethes anvertraut werden, indem sie in schwierigen Fällen sich da der Unterstützung der überlegenen Kollegen erfreuen.

Wenn ich nun auf die Organisation des Dienstes in den Lazarethen näher eingehe, so muss ich vor Allem meine Ansicht aussprechen, dass das Wohl der Kranken im allgemeinen Hospitale, sowie der Verwundeten im Lazarethe die **strengste Hausordnung und Disziplin** erfordert, welche nur dadurch erzielt werden kann, dass der gute Stand der Lazarethe als die **höchste Ehrenpflicht** der Aerzte anerkannt und angestrebt wird. Soll Ordnung herrschen, sollen die wichtigen Massregeln der Hygiene durchgeführt werden, so muss **ein mit Machtvollkommenheit ausgerüsteter, fachkundiger, verantwortlicher Vorstand befehlen**, welchem alle Aerzte und Verwaltungsorgane unterstehen und gehorchen. **Die Eignung zum Vorstande** des Lazarethes kann aber nur **dem Chefarzte zuerkannt werden.** Eine Verantwortlichkeit, welche der Chefarzt mit einem militärischen Kommandanten, oder mit einem Chef der Verwaltung, dem Intendanten, theilt, entbindet jeden Einzelnen der vollen Verantwortlichkeit, denn sie gestattet die Gebrechen auf die Schultern des Mitvorstandes zu wälzen, und zwar umsomehr, als im Felde keine kompetente Behörde zur Untersuchung zweckwidriger Vorkommnisse zu Hand ist, und vor Allem, weil zeitraubende Untersuchungen für die Verwundeten zu keinem erspriesslichen Resultate führen können, indem die Entscheidung nur post-festum erfolgen kann.

In dem Lazarethwesen der Vereinigten Staaten von Nordamerika ist dieser Grundsatz vertreten: Der General-Stabsarzt untersteht nur dem Kriegsminister, die Aerzte der Lazarethe nur dem Generalslabsarzte und der Chefarzt des Lazarethes ist der verantwortliche Vorstand, welchem alle Aerzte und Verwaltungsorgane unterstellt und verantwortlich sind.

Wird nun auf dieser Organisation fussend, **eine Gruppe von Lazarethen** in einem bestimmten Rayon der Oberaufsicht **eines** intelligenten, befähigten und humanen Arztes der nächst höheren Rangstufe anvertraut, so ist mit Grund zu erwarten, **dass die Gleichmässigkeit der Pflege, auf welche alle Verwundeten gleichen Anspruch haben, in allen Lazarethen des betreffenden Rayons werde erreicht werden**, es wird nicht vorkommen, dass die Besorgung der Verwundeten in einem Lazarethe entsprechend sei, während in dem anderen eine halbe Meile entfernten die Kranken verwahrlost werden; die so verderbliche ungleichmässige Vertheilung der ärztlichen Kräfte und Mittel gegenüber dem hier und dort vorhandenen Bedürfnisse wird vermieden werden, **weil der Vorstand in der Lage sein wird, nach den veränderten Bedürfnissen in den einzelnen Lazarethen die nöthigen Einleitungen zu treffen, da er über ein grösseres Personale und die ausgedehnteren Hilfsmittel einer ganzen Gruppe von Lazarethen verfügt.**

Wenn in Hradek bei meinem ersten Besuche der Stand der Verwundeten (Preussen, Sachsen und Oesterreicher) auch über 200 betragen haben mag, so war doch die Zahl von fünfzehn ordinirenden Aerzten in einem grellen Missverhältnisse zu dem eine Stunde entfernten Lazarethe in Wsestarz, in welchem für 72 Verwundete nur ein ordinirender Arzt bestellt war.

Bei dem befürworteten amerikanischen System würde dieses Missverhältniss nicht eingetreten sein, und es wären jene Uebelstände vermieden worden, unter welchen die Verwundeten litten. Diese Ueberzeugung bestimmte mich auch, mein Bedauern darüber auszusprechen, dass den Männern der Wissenschaft, welche opferwillig auf den Kriegsschauplatz geeilt waren, nur der Wirkungskreis als Konsulenten und Operateure zugewiesen war, und ich muss es abermals aussprechen, dass diesen Männern im Interesse des Dienstes und der zu lösenden Aufgabe, ein grösserer Wirkungskreis zu übertragen war, ein Wirkungskreis, wie ich ihn eben dem nordamerikanischen Systeme folgend, gezeichnet habe.

Mit der Vollmacht betraut, die sanitätsförderlichen Massregeln nach meinem Gutdünken zu treffen, war mir die Gelegenheit gegeben, die am Missisipi erprobten Einrichtungen der herrschenden Routine praktisch gegenüber zu stellen, und ich darf behaupten, dass der Erfolg dieses in kleinem Massstabe geübten Versuches ein günstiger gewesen.

Herr Dr. Skoda, Landesmedizinalrath von Böhmen, Herr Zöhrer, Verwalter des Krankenhauses in Prag und ich vereinigten uns zu einer Sanitäts-Kommission. 40 Aerzte, 30 Nonnen und 12 Spitalsgehilfen (Lazarethgehilfen) vertheilte ich nach erworbener Kenntniss des Zustandes und des Mannschaftsstandes der einzelnen Lazarethe, zur Uebernahme dieser in Nedelist, Horzenoves, Cerekvic, Horzic, Gitschin, Nechanic, Hradek, Skalitz, Nachod, Neustadt an der Metta, Königinhof, Rottendorf, Trautenau, Reichenberg. Den Chefarzt des Lazarethes bestellte ich auch als den Vorstand desselben in jeder Beziehung, und er war mir für alle Vorkommnisse verantwortlich. In allen Feldspitälern wurde durch den Kontrakt, dessen Protokoll *) beiliegt, die gleichmässige und entsprechende Verpflegung eingeführt, und vom Chefarzte strenge überwacht, der Sanitäts-Kommission wurden von demselben die Bedürfnisse für jedes Spital in den Rapporten und bei unsern häufigen Besuchen mitgetheilt, und den begründeten Anforderungen auf kürzestem Wege entsprochen. Im Zeitraume vom 25. August bis 8. September wurden 17 Lazarethe übernommen, 3 aufgelöst und die übrigen 14 bis zum 15. September durch die aufopfernde Thätigkeit der Aerzte und des kleinen Hilfspersonales in einen so guten Stand versetzt, dass ich mit Recht in meinem Berichte an das hohe Kriegsministerium sagen konnte: „Die Spitäler sind eingerichtet, gereinigt, die Verwundeten gut gepflegt, der ärztliche Dienst wird mit Eifer und Sachkenntniss versehen."

Oberst-Stabsarzt Dr. v. Russheim, ein Militärarzt von wissenschaftlicher Bildung und selten reicher militärärztlicher Erfahrung, fand dieselben bei seiner Inspektions-Reise in der 2. Hälfte des Monates September „in jeder Beziehung musterhaft."

Das Gelingen meines Versuches kann ich in diesem Falle wol nicht der strengen Disziplin zuschreiben, denn meine jungen militärärztlichen Kollegen wussten, dass sie mir nur für eine kurze Zeit untergeordnet waren, also nicht dem Drucke einer strammen Dis-

*) Siehe Protokoll S. XX—XXII.

ziplin danken wir den günstigen Erfolg des Versuches, es waren andere, weiter reichende Potenzen und Motive: die ehrenhafte patriotische Gesinnung, die opferwillige Humanität, die rege Theilnahme für unsere Verwundeten, der mit fachlicher Befähigung gepaarte Berufseifer meiner ältern und jüngern Mitarbeiter — das waren die Kräfte und die Hebel, die da wirkten und deren Vorhandensein zu der Hoffnung berechtigt, dass die vorgeschlagene einfache und praktische Organisation des Feldlazarethwesens geeignet sei, ihrer Aufgabe zu genügen.

Am Schlusse meines angegriffenen Vortrages hatte ich bemerkt, dass bei den Verhältnissen, welche die heutige Kriegsführung angenommen habe, die Staatsverwaltung nie im Stande sein werde, Alles zu leisten, was geleistet werden soll, wenn auch das Militär-Sanitätswesen das beste wäre; dass die Zahl der Militärärzte nie ausreichen werde, die Civilärzte stets mit ihren militärärztlichen Kollegen Hand in Hand gehen müssten, um gemeinschaftlich zum Wohle der Verwundeten, zur Ehre unseres Standes zu wirken; dass auch die patriotischen Vereine sich zweckentsprechender organisiren und mit den leitenden Aerzten ihren Wirkungskreis vereinbaren müssten, damit alle Faktoren vereint, das erreichbare Ziel, die Milderung des Elends, welches der Krieg zeugt, erreichen könnten. (Siehe Protokoll der Zeitschrift der Gesellschaft der Aerzte).

In dieser Aeusserung liegt keine vernichtende Kritik, sondern eine Erklärung — wenn man will — Entschuldigung der Uebelstände, welche auch in dem letzten Feldzuge sich bemerkbar machten und deren Beseitigung aber in der Zukunft angestrebt werden muss.

Zum Schlusse noch ein paar Worte über das bisher ungelöste Problem einer ausreichenden Pflege der Verwundeten in und unmittelbar nach einer grossen Schlacht, welches Herr v. Langenbeck seiner Lösung näher geführt wünscht, d. i. über den Einfluss, welchen die Genfer Konvention, wie wir hoffen wollen, auszuüben vermag.

Wer wollte in Abrede stellen, dass die lebhafte Theilnahme für das Schicksal der Verwundeten, welche die Gründer der Genfer Konvention antrieb, den Regierungen und den Völkern diesen internationalen Vertrag vorzuschlagen, und mit aller Wärme der Humanität zu vertreten, ihnen selbst und unserer Zeit zur Ehre gereichen? — allein die Meinungen über den anzuhoffenden Erfolg sind getheilt; denn, während edle Menschenfreunde sich den schönsten Hoffnungen über ihre Wirkung hingeben, fällen erfahrene Militärärzte auf Grund praktischer Wahrnehmungen, und mit Hinblick auf die Verhältnisse, unter welchen sich die Konvention erproben muss, das trostlose Urtheil, dass sie lebensunfähig sei.

„Die ganze Genfer Konvention ist trotz ihres edlen menschenfreundlichen Charakters eine doktrinäre Illusion, der man sich in der besten Absicht hingegeben hat, die aber um so hemmender wirken kann, als man sich leicht beruhigt fühlen dürfte, das Mittel zur Abhilfe eines grossen Theiles des menschlichen Elends auf dem

Schlachfelde gefunden zu haben", sagt Hr. Dr. v. Haurowitz, kais. russischer Geheimrath und Generalinspektor der kais. russischen Marine, der so freundlich war, nach meinem Vortrage in der k. k. Gesellschaft der Aerzte sich mir vorstellen zu lassen — in der Einleitung zu seinem Werke: „das Militärsanitätswesen der Vereinigten Staaten von Nordamerika" und sucht zu beweisen, dass die wichtigsten Artikel der Genfer Konvention praktisch unausführbar seien, das Ausführbare in derselben Enthaltene bei den civilisirten Völkern auch ohne dieselbe beobachtet wurde.

Eine so unbedingte Verurtheilung dürfte, wie ich hoffe, doch zu weit gehen, auch bei vollster Anerkennung der grossen Schwierigkeiten, welcher der wirksamen praktischen Durchführung der Konvention entgegenstehen; denn die laute, öffentliche, mit der Feierlichkeit eines Völkervertrages ausgesprochene Anerkennung eines in die Brust des Menschen geschriebenen Gesetzes der Nächstenliebe bleibt niemals ohne heilbringende Nachwirkung; sei es auch, dass sie nur wie der fallende Tropfen wirkt, — non vi sed saepe cadendo —: das Lebensmark der Konvention ist die im ersten Artikel ausgesprochene Neutralität, und man darf sein Auge allerdings der praktischen Erfahrung nicht verschliessen, dass die volle Sicherheit der Neutralität auf der Macht sie zu behaupten, beruht, und dass diese eben in jenen Verhältnissen mangelt, wo die Konvention ihre günstigen Wirkungen äussern soll.

Diese Betrachtung führt leider zur Ueberzeugung, dass die Genfer Konvention sogar hemmend auf den Fortschritt in den Verbesserungen der Sanitätspflege wirken könnte, wenn man sich mit ihren Bestimmungen in der bisherigen Fassung beruhigt fühlen, und glauben würde, dass dadurch das Loos der Verwundeten schon vollends sichergestellt sei; vielmehr ist meiner Ansicht nach eine Revision und Präzisirung ihrer Artikel dringend nothwendig, weil sie, wie sie jetzt vorliegt, das Gute vielleicht nicht verhindern, aber nie erreichen wird, was sie anstrebt, insolange sie jener Klarheit und Bestimmtheit entbehrt, welche sie haben muss, um mitten im Kriegslärm zur Geltung zu gelangen.

Werfen wir einen Blick auf den Wortlaut der Konvention:

Der Art. I lautet:

„Les ambulances et les hôpitaux militaires seront reconnus neutres, et, comme tels, protégés et respectés par les belligérants, aussi longtemps, qu'il s'y trouvera des malades ou des blessés.

La neutralité cesserait, si les ambulances ou ces hôpitaux étaient gardés par une force militaire."

Nach dem Grundsatze: Wer den Zweck will, muss auch die Mittel wollen, sollte man meinen, die feierlich ausgesprochene Neutralität sei dahin zu verstehen, dass den in Feindeshand gefallenen Aerzten, Ambulanzen und Hospitälern die Möglichkeit gegeben werden soll, ihrem Berufe und ihrer Aufgabe in derselben Weise und mit gleicher Wirksamkeit nachzukommen, als zur Zeit, in welcher sie in der Mitte der Ihrigen thätig waren. Dann muss sich aber die Neutralität gleichmässig auf die Aerzte mit Einschluss des

Hilfspersonales, auf das vorhandene Materiale, auch wenn es Eigenthum des feindlichen Staates ist, und auf die Verwundeten selbst erstrecken; es können sonach weder die Personen Kriegsgefangene werden, noch das Material nach dem gewöhnlichen Kriegsrechte dem Sieger zufallen. Nur das Recht der Mitbenützung scheint in den Verhältnissen, in der Billigkeit und in der Humanität begründet zu sein; dagegen aber auch der Anspruch auf Schutz und auf Unterstützung, als auch auf Lieferung der Erfordernisse gegen spätere Vergütung in der Natur der Aufgabe und des Zweckes und im Rechte zu liegen. Es entsteht dadurch eine Art der Gemeinschaftlichkeit in Mitte des Kampfes und des Krieges. Gewiss ein bewundernswerther Sieg der Humanität und der Nächstenliebe! Diese müssen meines Erachtens die leitenden Grundsätze sein, und ich glaube, dass die Konvention, wie sie derzeit ist, noch einer wesentlichen Verbesserung und Klärung bedürfe; aber schon der gegenwärtige Wortlaut kann und soll mit Hinsicht auf den Zweck und die Absicht ausgelegt werden, und daher darf unter dem Ausdrucke „gardés par une force militaire" die gewöhnliche Bewachungsmannschaft des Lazareths nicht verstanden werden, weil durch die Auslegung in dem Sinne der ganze Artikel zur Illusion würde, indem ein Feldspital ohne Bewachung nicht bleiben kann.

Artikel II.

„Le personnel des hôpitaux et des ambulances, comprenant l'intendance, les services de santé, d'administration, de transport des blessés, ainsi que les aumôniers, participera au bénéfice de la neutralité lorsqu'il fonctionnera, et tant qu'il restera des blessés à relever ou à secourir.

Artikel III.

„Les personnes désignées dans l'article précédent pourront, même après l'occupation par l'ennemi, continuer à remplir leurs fonctions dans l'hôpital ou l'ambulance qu'elles desservent, ou se retirer pour rejoindre le corps, auquel elles appartiennent."

Der Wortlaut dieser Artikel ist ein Ausfluss der oben aufgestellten Grundsätze. Dem Sanitätspersonale, welches neutral erklärt ist, muss es freigestellt bleiben, die Verwundeten auch fortan zu besorgen, oder zu ihren Truppen zurückzukehren; und wenn diese Bestimmung ehrlich und mit Berücksichtigung der Verhältnisse praktisch durchgeführt wird, was bei gutem Willen möglich ist, so muss man sie als eine schätzenswerthe Errungenschaft der Konvention dankbar anerkennen; denn die nächste Folge derselben wird die bessere Besorgung der Verwundeten auf dem Schlachtfelde sein; — in jenem Momente, in welchem die Gräuel des Krieges den Höhepunkt erreichen.

Die Aerzte der unterlegenen Macht werden in den ersten Tagen nach einer Schlacht mit den Fachgenossen der siegenden Armee zusammenwirken, um Hilfe zu bringen, und das Elend zu mildern; aber ehestens wird die Pflicht sie zwingen, zu den Ihrigen zurückzukehren; denn sie sind Neutrale, und wenn der Feldzug nicht mit einer Schlacht beendet ist, und selbst dann kann die im Rückzuge begriffene Armee ihre Aerzte nicht durch Wochen entbehren, wenn der Jammer und die Noth bei einer zweiten Schlacht nicht unerhörte Dimensionen annehmen sollen, welchen die Genfer Konvention eben vorbeugen will.

In Voraussicht dieser Verhältnisse wurden im Artikel 3 die Aerzte berechtigt, zu ihren Korps zurückzugehen, und ist der Zeitpunkt der Rückkehr dem Ermessen des Sanitätspersonales anheimgestellt.

Wird aber der siegende Feldherr das Sanitätspersonale ziehen lassen?

Berücksichtigt man die Bedrängniss nach einer grossen Schlacht. bedenkt man, dass die Noth kein Gebot kennt, — c'est la guerre! — dass der Krieg ein rauhes Handwerk ist und bleiben wird, dass Massregeln und Handlungen, welche im Frieden jeder Mann von Bildung perhorreszirt, im Kriege entschuldigt und ganz natürlich gefunden werden, so erscheint die Frage wohl berechtigt.

Wird der siegende Feldherr das Sanitätspersonale ziehen lassen? — Wenn nicht — dann geht eben Macht vor Recht, und die Konvention ist ein todter Buchstabe; ja schlimmer als diess, weil im Vertrauen auf ihre praktische Geltung entsprechende Vorkehrungen vielleicht unterlassen wurden. Ein Palliativ dürfte es sein, wenn ein Zeitraum festgesetzt würde, innerhalb welchem die Aerzte der unterlegenen Macht auf dem Schlachtfelde zur Milderung des Elends zu wirken haben, obgleich der Einwurf nahe liegt: Wenn der Sieger auch diese Stipulation nicht achtet, was dann? — Dann bleibt das neutral erklärte Sanitätspersonale faktisch in Gefangenschaft wie bisher.

Die Konvention enthält ferner keine Bestimmung, welche das Sanitätspersonale der geschlagenen Armee in der Zeit der anstrengendsten Dienstleistungen vor den herbsten Entbehrungen schützt; auch dafür muss vertragsmässig gesorgt werden, wenn die Konvention nicht eine Phrase bleiben soll; kurz, sie bedarf einer dringenden Revision.

Durch die weisse Fahne wurden in dem letzten Feldzuge die Verbandplätze nicht vor den Kugeln geschützt, und das rothe Kreuz im weissen Felde wird denselben auch in Zukunft keinen genügenden Schutz gewähren.

Es muss jedoch zugegeben werden, dass es durch die Genfer Konvention dem Arzte erleichtert wird, während der Stillung einer Blutung, im Momente einer begonnenen Operation auf dem Verbandplatze bei den Verwundeten auszuharren. Fälle, die ausnahmsweise vorkommen, und in welchen bisher sich in jeder Armee gewissenhafte Militärärzte fanden, welche treu ihrer Pflicht sich dem Loos der Gefangenschaft aussetzten, wie Herr Dr. Raunicher in diesem Feldzuge, ja ihr Leben opferten, wie die österreichischen Militärärzte bei Magenta, welche auf dem Verbandplatze während ihrer Pflichterfüllung niedergemetzelt wurden, allein die Ausnahme soll zur Regel, und der Arzt nicht der Brutalität einer siegestrunkenen Soldateska ausgesetzt werden.

Wenn aber an die Kombattanten die Anforderung gestellt werden muss, dass sie das Sanitätspersonale und seine Thätigkeit, als durch die Gesetze der Humanität und durch einen besondern Vertrag geschützt betrachten, so ist das Begehren wohl doppelt berechtigt, dass das Sanitätspersonale des Siegers die Fachgenossen der unterliegenden Macht als Kollegen behandle, achte und unterstütze. Leider war diess im letzten Feldzuge nicht immer der Fall, nachdem Oesterreich auch der Genfer Konvention beigetreten war.

Es liegt in dem humanen Geiste der Konvention, und es ist eine unerlässliche Bedingung ihrer heilsamen Wirksamkeit, dass die Aerzte beider Armeen als treue Kollegen gemeinschaftlich handeln, allein ist ein solches Wirken möglich, wenn die Aerzte der durch das Kriegsglück begünstigten Armee den Kollegen der unterlegenen Macht das Selbstbewusstsein des triumphirenden Siegers fühlen lassen?

Soll die Genfer Konvention zur Wahrheit werden, so ist es ferner unumgänglich nothwendig, dass dieselbe nicht nur von den Kommandanten, sondern von den Truppen und den Aerzten dem Sinne und Wortlaute nach gekannt und verstanden werde. Als Hr. v. Langenbeck unseren Aerzten in Gitschin in jeder Beziehung unberechtigte Vorwürfe machte, bewies er zugleich, dass ihm die Genfer Konvention nicht genügend bekannt war, obgleich er die Nicht-Annahme von Seite der österreichischen Regierung strenge tadelt, und die zu bedauernde Gefangennahme eines preussischen Arztes in den Nebenumständen unrichtig wieder gibt. *)

Am 25. August, zwei Tage nach dem Friedensschlusse in Prag, wurden von dem preussischen Truppenkommandanten in Horzic sieben österreichische Sanitätswagen in Pfand genommen, welche von uns zur Evacuirung des Lazarethes von Milovitz nach Horzic benützt worden waren, um hiedurch die Auslieferung von 7 preussischen Leiterwagen vom Festungs-Kommando in Königgrätz zu erzwingen; — die Leiterwagen waren in den ersten Tagen des Monates Juli erbeutet worden. — Am 26. August wurde wohl meiner Forderung, die Sanitätswagen sogleich in den Festungsrayon zurückzustellen entsprochen. Solche Missgriffe konnten aber nicht vorkommen, wenn der Truppen-Kommandant auch nur annähernd einen Begriff von der Genfer Konvention gehabt hätte.

Während unsere Aerzte 8 Tage die Uebernahme der Lazarethe in Trautenau erwarteten, wurde das bestgelegene und zweckmässig eingerichtete Lazareth im Schlosse Wildschütz mit 130 Verwundeten zwei Tage vor der Uebergabe aufgelöst, 63 Verwundete nach Prag evakuirt, wo die Cholera wüthete, die übrigen in die überfüllten Lazarethe nach Trautenau transportirt, obgleich das Lazareth in Wildschütz von zwei österreichischen Aerzten aus Arnau und Hohenelbe besorgt wurde, daher die preussischen Aerzte durch dieses Lazareth nicht belästigt waren. — Das Lazareth war neutral, denn Oesterreich war der Genfer Konvention beigetreten!

---

*) Siehe Beilage S. XXXIII.

Artikel IV lautet:

Le matériel des hôpitaux militaires demeurant soumis aux lois de la guerre, les personnes attachées à ces hôpitaux ne pourront en se retirant, emporter que les objets, qui sont leur propriété particulière. Dans les mêmes circonstances, au contraire, l'ambulance conservera son matériel.

Mit Recht fragt Dr. v. Haurowitz: Wenn das Kriegsrecht gestattete, dem Feinde das Material eines Hospitals wegzunehmen, was bliebe dann von dem neutralen Hospitale übrig als die 4 Wände?

Auf das Materiale des Feldlazarethes muss die Neutralität ausgedehnt werden, soll der Zweck nicht vereitelt werden, weil sonst jeder Theil das Feldlazareth vor dem Feinde zu retten, versucht wird.

Artikel VI, II. Satz:

Les commandants en chef auront la faculté de remettre immédiatement aux avant-postes ennemis, les militaires blessés pendant le combat, lorsque les circonstances le permettront, et du consentement des deux partis.

Seront renvoyés dans leur pays ceux qui, après guérison, seront reconnus incapables de servir. Les autres pourront être également renvoyés à la condition de ne pas reprendre les armes pendant la durée de la guerre.

Während der Schlacht wird wohl kaum die Gelegenheit' sich darbieten, Verwundete zu übergeben. So sehr es jedoch im Interesse des Siegers sein mag, die Verwundeten dem Feinde nachzusenden, so selten werden die Transportmittel während des Vorrückens der siegreichen Armee diess gestatten. In den Fällen jedoch in welchen diess ermöglicht werden kann, sollte es mit aller Macht angestrebt werden, denn bei der heutigen Kriegführung ist es nicht wahrscheinlich, dass die Zahl der Verwundeten, welche in demselben Feldzuge wieder zu den Waffen greifen könnte, mehr als ein Minimum betragen dürfte. Ohne empfindlichen Nachtheil könnte daher wohl auch von dem Reverse abgegangen werden, welchen ein Offizier kaum geben kann, und welchen auch das Uebereinkommen der Regierungen ersetzen könnte, dass sie solche Kombattanten während des in Frage stehenden Krieges nicht wieder verwenden wollen. Der Sieger handelt in seinem und in dem Interesse der Humanität, wenn er alle Transportfähigen nach einer Schlacht in die Heimat sendet, und die Transporte durch die Aerzte der unterlegenen Macht einige Tage nach der Schlacht begleiten lässt.

Ich beschränke mich auf diese wenigen Bemerkungen in Betreff der Genfer Konvention, zu welchen die Erfahrungen und Vorkommnisse auf dem Kriegsschauplatze in Böhmen den Anstoss gaben. Wenn ich hierbei zur Ueberzeugung gelangte, dass die Konvention einer dringenden Revision bedürfe, und dass unter den gegenwärtigen Verhältnissen mit der Reform derselben keine Zeit zu verlieren sei, so will ich mit dieser Behauptung die moralische Bedeutung der Konvention, welche den humanen Tendenzen zum endlichen Durchbruch und Siege verhelfen muss, nicht unterschätzt haben, denn ich verkenne nicht, dass sie vor allem auf jener Potenz fussend, welche in letzter Auflösung bei allen völkerrechtlichen Beziehungen und Verträgen die entscheidende Pression üben und verhindern muss, dass der politische Cynismus des Stärkeren nicht aller Schranken sich ledig dünke, und wenn auch nicht vor dem Vertragsrechte, so doch vor dem verdammenden Urtheil der Geschichte zurücktreten werde.

Die Erklärung der Neutralität ist unter allen Umständen von grosser Tragweite, wenngleich ihre Anwendung noch manchem Zweifel Raum lässt. Es mag sein, dass der Garant für die Durchführung nur die moralische Pression der öffentlichen Meinung sei, allein diese ist bereits eine Potenz im öffentlichen Leben Europa's, und hinter ihr wird das europäische Völkerrecht stehen.

Bevor ich schliesse, erlaube ich mir die im Eingange gestellte Bitte zu wiederholen, dass meine an Herrn v. Langenbeck gerichtete „Erwiderung" nicht sowohl als die durch persönliche Angriffe mir abgenöthigte Entgegnung möge aufgefasst werden, sondern vielmehr als die Darstellung und Beurtheilung von Uebelständen in den Feldlazarethen, welche wahrzunehmen und zu konstatiren meine Mission auf dem böhmischen Kriegsschauplatze mir den Anlass gab, und worüber abermals und eingehender zu sprechen für mich eine patriotische und kollegiale Pflicht geworden war, nachdem Herr v. Langenbeck den zeitgemässen und hochwichtigen Gegenstand, mit welchem sich mein Vortrag in der Gesellschaft der Aerzte beschäftigt hatte, in einer Weise abzuthun versuchte, welche verletzend ist für meine und meiner Kollegen Ehre und berechtigte Ansprüche, so wie nicht minder unverträglich mit dem Ernste wissenschaftlicher Untersuchungen, indem sie die Erörterung wichtiger humanitärer und staatlicher Aufgaben lediglich auf das Gebiet persönlicher Empfindlichkeit überträgt. Es würde mir leid thun, wenn ich den angestrebten Ton so sehr verfehlt haben sollte, dass meine Erwiderung überwiegend den Eindruck einer bloss persönlichen Entgegnung gemacht hätte, in welcher die Fachfragen nur als untergeordnetes Beiwerk erschienen, während das gerade Gegentheil in meiner Absicht gelegen war. Abgesehen davon, dass auf schwere persönliche Angriffe Antwort gegeben werden musste, ist es auch nicht wohl möglich, Einrichtungen und Anordnungen zu beurtheilen, ohne die Empfindlichkeit auch jener Männer zu berühren, welche diese Einrichtungen getroffen, die in Frage stehenden Anordnungen erlassen hatten, und die bei deren Durchführung selbst thätig waren. Es ist unvermeidlich, dass wenn Einrichtungen und Organisationen nach ihren thatsächlichen Ergebnissen beurtheilt werden wollen, die an ihnen geübte Kritik auch auf die Urheber und Vollzieher reflektire, aber man muss sich dieser undankbaren Arbeit unterziehen, wenn man seiner Aufgabe gerecht werden will. Ich hatte nicht nothwendig den Fachmännern zu beweisen, dass die Hygiene in den Feldlazarethen die erste und wichtigste Bedingung sei für die Genesung der Verwundeten, aber ich hatte zufolge meiner Mission und meines Berufes wahrzunehmen, ob dieser ersten Bedingung entsprochen worden war, hatte die Ursachen des Missstandes zu erforschen, und ihnen nach Möglichkeit zu begegnen. — Es war nicht nöthig einen theoretischen Beweis zu führen, dass eine ebenmässige Vertheilung der ärztlichen Kräfte, gegenüber der Zahl der Verwundeten, und eine zweckmässige Organisation bei Verwendung der Kräfte und Mittel, anerkannte Erfordernisse eines guten Feldlazareth-Wesens seien, denn Niemand bezweifelt es; wohl aber lag mir ob, zu untersuchen, ob die Vertheilung und Organisation, welche und wie ich sie vorfand, zweckentsprechend oder mangelhaft war. — Man hatte der kaiserl. Regierung die Verspätung ihres Beitrittes zur Genfer Konvention zum Vorwurfe gemacht; es lag daher nahe, dass ich auf die Folgen dieser Verspätung und auf eine kurze Kritik der Konvention selbst mich einliess. — Es ist möglich, dass Männer, die aus Allem politisches Kapital zu machen gewohnt sind, auch in der Kontroverse mit Hrn. v. Langenbeck die preussischen und österreichischen Gegensätze werden wieder finden wollen, allein die Bemerkung wird mir gestattet sein, dass das Gebiet, welches ich in dieser Streitfrage betreten habe, kein politisches, sondern ein fachliches, ein humanitäres, und wenn man will, ein kosmopolitisches ist.

Ich sprach, weil ich musste, denn nach den Angriffen, die ich erfahren hatte, handelte es sich um die Wahrung der Ehre des Mannes, um die Geltendmachung der Wahrheit, und um das Recht des Fortschrittes gegenüber der Routine. Die Beweiskraft der angeschlossenen Beilagen wird kein Unbefangener bestreiten.

Ich bin zu Ende.

Wien, den 15. April 1867,

Fr. J. v. Dumreicher.

Beilagen.

Bericht

über den Zustand des Lazarethes von Vsestar bei der Uebernahme.

Aufgefordert, den Zustand des Lazarethes in Vsestar zur Zeit der Uebernahme desselben am 13. August 1866 zu schildern, will ich dieser Aufforderung in Folgendem nachkommen:

Ich fand daselbst 72 Verwundete, welche in der Kirche (22), im Schulhause (11), darunter 4 Offiziere, in einer Scheuer (17) und (22) in kleinen, dumpfen, niederen und feuchten Lokalitäten der Häusler zu je 1—3 Mann, welche alle zunächst auf der Erde auf schmutzigen mit halbverfaultem Stroh gefüllten Strohsäcken, hie und da selbst ohne Bettwäsche gelagert waren. Die bei den Häuslern Untergebrachten waren einzig und allein der Humanität und Pflege der bäuerlichen Unterkunftgeber überlassen, die, selbst in dürftigen und kümmerlichen Verhältnissen lebend, mit ihren Pflegebefohlenen das Wenige theilten. Mit der ärztlichen Behandlung dieser 72 Mann waren betraut: 1 königlich preussischer Stabsarzt, 3 preussische Studenten, einige Lazarethgehilfen nebst dem zugehörigen Hilfspersonale. Allein nach der Aussage der daselbst verwundet vorgefundenen Offiziere und Mannschaft hatte sowohl der Herr Stabsarzt, als die oben bemerkten Doktoranden in der Art ihrer heiligen Pflicht nachzukommen versäumt, als der Herr Stabsarzt blos jeden 2.—3. Tag, die andern Herren kaum einmal des Tages die üblichen und nothwendigen ärztlichen Visiten hielten, während die nöthige Reinigung der Wunden und andere manuelle Hilfeleistungen nur den Lazarethgehilfen zufielen, welche ohne Aufsicht und Ueberwachung nach eigenem Belieben es sich bequem machten, ja die in Privatwohnungen Untergebrachten sollen zuweilen auch durch zwei Tage kein Sanitäts-Individuum zu Gesichte bekommen haben.

Dieser Aussage entsprach auch der Zustand der Wunden und der anderweitigen Verletzungen, die entweder unzweckmässig verbunden oder aber selbst ohne Verband der Naturheilung überlassen waren. Man muss das wahrlich zurückschreckende Aussehen der einzelnen Verbände, die schlechte Beschaffenheit der Wunden gesehen haben, um der Ueberzeugung offen zu sein, dass hier nur übergrosse Vernachlässigung und Indolenz im Vereine mit mangelhafter Unterkunft und Wartung die traurige Ursache des Stillstandes, oder besser des Rückschrittes der Heilung waren. Trotzdem an Verbandgeräthen, Bettwäsche, anderweitigen Spitalsrequisiten und Utensilien durchaus kein Mangel war, ja sogar entsprechend den damaligen Verhältnissen relativ ein Ueberfluss herrschte, bot der gesammte Eindruck der Uebernahme etwas so Zurückschreckendes dar, dass man sowohl die schlechte Unterbringung, die oberflächliche Behandlung und vernachlässigte Wartung nur der lieben Bequemlichkeit und Lässigkeit der dortigen Spitalsorgane zuzuschreiben berechtigte Ursache hatte.

Die von den Herren preussischen Aerzten innegehabten Räumlichkeiten, bestehend aus vier geräumigen, luftigen und trockenen Zimmern, wurden von mir zur Unterbringung von 24 Verwundeten und vier Offizieren, ebenso zwei Zimmer im Wirthshause, welche von untergeordnetem preussischen Sanitäts-Personale bewohnt waren, zum weiteren Belage von Kranken benützt. Durch dieses Arrangement gelang es mir, die Kranken zu konzentriren, und einer besseren Pflege und Wartung theilhaftig werden zu lassen.

Ebenso wurde es mir möglich, nach kaum acht Tagen diese 72 Verwundeten in mit reinlicher Bettwäsche versehenen Betten unterzubringen, die unzweckmässigen Verbände durch passende zu ersetzen und zweckentsprechendere Heilbedingungen zu erzielen, und zwar mit einem Personale, welches dem preussischen an Zahl weit nachstand.

Wien, am 25. März 1867.

Leo Reder, k. k. Oberarzt.

Bericht
über den Zustand des Lazarethes in Skalitz.

Euer Hochwohlgeboren!

Geehrtester Herr Oberstabsarzt!

Schon bei Beginne der Dumreicher-Langenbeck'schen Controverse, hatte ich die Absicht mit meinen Erfahrungen in Skalitz mich auf Herrn Prof. v. Dumreicher's Seite zu stellen. Ihr verehrtes Schreiben verbannt die Besorgniss, die mich bis nun daran zurückhielt, die Gränzen der Bescheidenheit zu überschreiten, und mit Freude ergreife ich die Gelegenheit für die Wahrheit eine Lanze einzulegen.

Ich kam in den ersten Tagen des September nach Skalitz, um das Lazareth von den Preussen zu übernehmen. Der Zustand, in welchem sich dieses Lazareth befand, war der Art, dass es kaum möglich ist, ihn naturgetreu zu schildern. Zehn Wochen waren seit dem Treffen bei Skalitz verflossen, ein ganzes Lazareth hauste in Skalitz sammt seinem nicht unbedeutenden Personale, und nicht ein Fussboden war gescheuert worden, sage in 10 Wochen nicht Einmal. Man konnte da den milden Ausdruck Unreinlichkeit nicht mehr anwenden, denn es war schon — —. Wenn sich ein Krankenwärter unseres Spitalstandes darüber so scandalisirt, dass er sich freiwillig zum Waschen des Fussbodens anbietet, dann musste es doch arg sein. Was mich sehr befremdete und für unsere preussischen Kollegen nicht übermässig schmeichelhaft ist, war das, dass ich bei meinem Eintritte in's Krankenzimmer von den Preussen und Oesterreichern mit dem Ausrufe begrüsst wurde: „Gott sei Dank, da ist doch wieder ein österreichischer Arzt." Die preussichen Verwundeten, darum näher befragt, sagten nur: „Ach! wir haben Vertrauen zu den österreichischen Aerzten." Erklären kann ich mir diess nur durch Folgendes: das Lazareth in Skalitz war in 2 Abtheilungen getheilt. Aber nur ein Assistenzarzt, Dr. Studininsky, kümmerte sich um seine Abtheilung, und war bei dem Verbande gegenwärtig, der Chef der II. Abtheilung, Stabsarzt Dr. S....... begnügte sich täglich einmal bei der Thür in's Krankenzimmer zu gucken, und zu sagen: „Guten Morgen Kinder, wie geht's Euch?" Den Verband besorgten Lazarethgehilfen und Wärter. Wie wenig Vertrauen die Herren genossen, kann nebstbei noch beweisen, dass einige Verwundete, bei welchen Operationen dringend indicirt waren, sich von ihnen nicht operiren liessen, und als ich sie übernommen hatte, mit dem ausdrücklichen Bemerken: „vom österreichischen Arzte lassen sie sich operiren," ihre Zustimmung gaben. Dass mit Eiter durchtränkte Charpie, Kompressen und sonstige Verbandstücke ganz einfach auf den Fussboden und im günstigsten Falle in den Abort geworfen wurden, letzterer total verstopft war, und in dem ganzen Lokale ein horrender Gestank herrschte, wird Niemand mehr in Verwunderung setzen. Ebenso, dass Gypsverbände lagen, die lange nicht mehr passten, vollkommen durchnässt waren, und unerträglichen Gestank verbreiteten. Sollten Euer Hochwohlgeboren einzelne detaillirte Fälle wünschen, so stehe ich zu ihrer Disposition.

Mit Hochachtung und mit der Versicherung, dass ich jederzeit bereit bin für das Gesagte einzustehen.

Triest 3. April 1867.

Euer Hochwohlgeboren ergebenster

Dr. Ed. R. v. Hauer, k. k. Oberarzt im 47. Infl.-Reg.

Vom Stadtrathe der Gemeinde Böhmisch-Skalitz, Bezirkes Nachod, wird zur Steuer der Wahrheit öffentlich bezeuget, dass die Stadtgemeinde B. Skalitz, abgesehen von der enormen Anzahl Verwundeter unmittelbar nach den heissen Kampftagen, späterhin von der sich immer mehr mindernden Anzahl derselben, bis zum Ende der preussischen Occupation beiläufig zwischen 25 — 30 Kranken, jedoch stets abwechselnd zu verpflegen hatte.

Die Pflege dieser 25 — 30 Kranken hatten zu versorgen:
Ein Stabsarzt, Dr. S......., nebst einem Zivilarzte, Dr. Tittl.
Ferner bestand das Wartpersonale aus 9 Wärtern männlichen Geschlechtes, nebst 9 (bald 8, auch 7, die letzten Tage aus 5) Nonnen; ferner einem Inspektor, der einen Mann zur Bedienung hatte; einem Revier-Aufseher, einem Aufseher und einem Apotheker. Diesen waren beigegeben vierzehn Lazarethpferde nebst 8 Soldaten. Ausserdem waren für das Lazareth eine preussische Wäscherin nebst vier von der Kommune Skalitz eigens bezahlten Zivil-Bediensteten zur steten Verfügung gestellt.

Das vorangeführte gesammte Personale nebst Pferden hatte die Kommune Skalitz bis auf die lezten 6 Tage vor dem Abgange der preussischen Truppen durchgehends zu verpflegen.

In wie weit das gesammte Wartpersonale seinem Zwecke entsprochen hat und in wie weit es die materiellen hiemit verbundenen Kosten aufwiegte, darüber werden die Verwundeten selbst das sprechendste Zeugniss ablegen.

Bürgermeisteramt Böhmisch-Skalitz, 6. April 1867.

Med. & Chir. Dr. Kordina, Bürgermeister.
Hynek Hamza, Gemeinderath. Josef Bartanicek, Stadtrath.
Johann Fendrich, Stadtrath. Franz Härtel. Otto Müller.

Aerztlicher Bericht.

Das Spital im Schlosse Hradek, aus einem weitläufigen, schön gebauten, von einem ausgebreiteten Parke umgebenen, in gesunder Lage gelegenen Gebäude bestehend, bildete das zweite schwere Feldlazareth des königlich preussischen 7. Armeekorps. Die Uebergabe desselben (mit 61 Kranken) an die österreichische Verwaltung fand am 28. August 1866 statt. Die Modalitäten der Uebergabe waren insoferne nicht ganz entsprechend, weil bei der grossen Anzahl der ordinirenden Aerzte (15) nicht jeder Kranke von dem betreffenden ordinirenden Arzte übergeben, und daher auch über die meisten Verwundeten keine näheren Aufschlüsse über die ursprüngliche Verletzung, den Verlauf, die etwa vorgenommenen Operationen ertheilt wurden, und diese Daten auch in dem Uebergabsprotokolle nicht angegeben waren.

Was die Verpflegung der Kranken unter preussischer Pflege betrifft, so muss dieselbe bei den enormen Hilfsmitteln, die der Verwaltung namentlich durch den Johanniter-Orden geboten wurden, eine vollkommen entsprechende, genügende, ja reichliche gewesen sein. Ein Umstand musste jedoch gleich bei einem oberflächlichen Ueberblick auffallen, nämlich, dass die Handhabung der Reinlichkeit, namentlich frische Füllung der Strohsäcke, öfteres Wechseln der Bett- und Leibwäsche so Manches zu wünschen übrig liess. Die in dem Schlosse vorhandenen Lokalitäten, die zur Belegung mit Verwundeten verwendet wurden, bestanden in der Reitbahn, dem Theater, drei grössern Zelten — dem Johanniter-Orden gehörig, — dann im Schlosse selbst aus dem Rittersaale, einem Salon und mehreren kleinen Zimmern, in denen die im Schlosse befindlichen Offiziere untergebracht sind. Die beiden luftigsten, am besten zu ventilirenden, daher geeignetesten Räume bilden die Reitbahn und das Theater; jedoch machte sich in den letzteren, sowie in den übrigen Räumen der Einfluss des lange dauernden Belages mit sehr kopiös eiternden Wunden dem Geruchsinne bemerkbar; es musste daher als eine der ersten und wichtigsten Aufgaben der Spitalsverwaltung betrachtet werden, einestheils für grössere Reinlichkeit zu sorgen, anderntheils, wo möglich, statt der im Schlosse selbst benützten, für die Verwundeten andere Lokalitäten auszumitteln, die bereits längere Zeit nicht belegt, daher gut gelüftet waren, und deren Reinigung sich leichter durchführen liess. Es wurden also für sämmtliche Verwundete die Strohsäcke entweder ganz erneuert, oder nach geschehener Reinigung mit frischem Stroh gefüllt, die mit Eiter durchtränkten Seegras-Matratzen ganz ausgeschieden und nur die reinen wieder verwendet, die Bettwäsche durchgehends gewechselt, ferner die Kranken aus den im Schlosse befindlichen Räumen (Rittersaal, Salon), evakuirt, und in gereinigte, mit Kalk frisch übertünchte Zimmer gelegt, ebenso wurde das Theater für einige Tage geräumt, gelüftet, mit Chlor geräuchert, die Wände übertüncht und hierauf erst wieder belegt. Von den wollenen Decken mussten viele, wenn sie auch nicht ganz rein waren, wieder verwendet werden, da es namentlich in den Zelten und der Reitbahn bei den schon kühler werdenden Nächten erforderlich ist, jeden Kranken mit einer zweiten Decke zu versehen. In den drei Zelten waren fast durchgehends die schwersten, am meisten eiternden Fälle untergebracht und waren für die Oesterreicher und Sachsen Anfangs noch drei, seit dem 5. September jedoch nur zwei im Gebrauch. Die Bedürfnisse des Spitals an Bettfournituren, Bett- und Leibwäsche, Speisegeräthen etc. sind genügend gedeckt, und es sind blos zur vollkommenen Einrichtung und theilweisen Verpflegung noch folgende Sachen und Effekten erforderlich: 60 wollene Decken, 60 Paar Unterhosen, 50 Pfd. Charpie, 20 Ellen Schweissleinwand, 5 Pfd. Wasserglas, 50 Leintücher, dann für den Zeitraum von 14 Tagen beiläufig: 8 Eimer Wein (wo möglich in Zwei-Eimer-Fässchen), 140 Paket-Tabak und wo möglich Zigarren zur Extra-Vertheilung.

Ueber das im Spitale bedienstete ärztliche und Wartpersonale gibt beiliegende Tabelle Aufschluss (siehe Beilage: Standes-Ausweis.)

Die in dem Standesausweis verzeichneten Kräfte zur Besorgung sämmtlicher Angelegenheiten und Bedürfnisse des Spitals, sowie des Schreibgeschäftes können natürlich nur bei angestrengtester Dienstleistung jedes Einzelnen, und ordentlicher Eintheilung ausreichen; so hat Herr Oberarzt Dr. Rotter auch ausserdem die Oberaufsicht über die Weinausgabe, ferner über die Verwendung der Medikamente; der Herr Oberarzt Gärtner die Oberaufsicht über die Wäsche genommen; der Spitalsgehilfe Altmann versieht ausserdem noch einen Theil des Schreibgeschäftes.

Am 1. September 1866 wurden 10 zum Transport geeignete Sachsen nach Dresden evakuirt, auf Kosten des Internationalen Vereines in Dresden; ausserdem wurde Herr Lieutenant Graf Hoditz des k. k. 8. Kürassier-Regiments am 6. September rekonvaleszirt.

Offiziere blieben noch folgende in Behandlung:

74. Inf.-Reg. Hauptmann Ludwig Karg von Bebenburg mit Schuss durch das Hinterhaupt: sein Allgemeinbefinden sehr gut, baldige Genesung zu erwarten.

31. Jäg.-Bat. Oberlieutenant Kaspar Vogel mit penetrirender Brustwunde, schwebt noch in grosser Lebensgefahr.

29. Jäger-Bat. Lieutenant Gustav Stradal mit Schussfraktur des Kniegelenkes: Ausgang gleichfalls noch unbestimmt.

6. königl. sächsisches Inf.-Bat. Oberlieutenant Philipp von der Planitz. Schuss durch die Wade.

3. königl. sächsisches Jäger-Bat. Oberlieutenant Rainer v. Treischke, Schussfraktur des Oberschenkels. Beide letztere werden nächstens nach Dresden evakuirt.

Schloss Hradek am 10. September 1866.

Dr. und Op. W. Scholz,
k. k. Regiments- und Chefarzt.

An die löbliche k. k. Lokal-Sanitäts-Kommission in Königgrätz.

Ueber erhaltenen Befehl de dato Königgrätz am 8. September 1866 berichtet der Gefertigte und zwar:

ad a) Das Nechanitzer Spital ist auf eine beiläufige Dauer von noch zwei Wochen mit den nöthigen Spitals-Utensilien in genügender Weise versehen, ausgenommen Leintücher und Baumwolle, und es wären von Ersteren etwa 60 Stück, von Letzterer einige Pfund wünschenswerth. Jedoch muss der Gefertigte hiebei bemerken, dass die wenigsten Kranken mit hinreichender Montur versehen sind, daher selbe, namentlich Schuhe, für dieselben zur Zeit deren Evacuirung nothwendig sein werden.

ad b) Wird die Konsignation über die in Nechanitz befindlichen Amputirten beigeschlossen.

ad c) Betreff des Zustandes des Spitals und der Kranken bei deren Uebernahme vom königlich preussischen Feldlazareth muss sich der Gefertigte dahin äussern, dass mehrere Kranke nach deren eigener Aussage in den letzten Tagen vor der Uebernahme nur mehr von dem Wartpersonale (Krankenwärtern) verbunden und besorgt wurden, doch die Reinlichkeit der Kranken sowohl als der Lokalien, in welchen selbe untergebracht uwaren, sehr viel zu wünschen übrig liess, nd kurz gesagt keine solche war, wie man sie von einer geregelten Spitals-Verwaltung hätte erwarten sollen.

Bezüglich der Verpflegung lässt sich nur erwähnen, dass den österreichischen Verwundeten die dermalige Verpflegung besser zusagt — nur Wein wurde viel verabfolgt, für jeden Kranken ohne Unterschied eine Flasche.

ad d) Die dermal bestehende Civil-Regie begann mit dem 25. August, am Tage der Uebernahme; der Krankenstand betrug 46 Mann, nämlich 40 Oesterreicher darunter 3 Offiziere, und 6 Sachsen. Als Wärter waren angestellt, 12 Mann, darunter 10 Civilpersonen und zwei Soldaten, Gefangene, die schon früher zur Krankenpflege verwendet wurden.

Barmherzige Schwestern langten am 7. d. M. zwei von Neubidschof an, und hat der Gefertigte, nachdem er hierüber ohne Instruktion, deren Verpflegung vorläufig nach dem Ausmasse für Offiziere veranlasst.

Nechanitz, am 9. September 1866.

Dr. Alois Haberbauer,
Regimentsarzt.

Löbl. k. k. Lokal-Sanitäts-Kommission zu Königgrätz.

Am 27. August l. J. wurde das bisher unter der Leitung des königlich preussischen Herrn Stabsarztes Dr. Wilde gestandene Verwundeten-Spital zu Nedelist in die k. k. österreichische Verwaltung übernommen. Es befanden sich daselbst 55 Schwerverwundete. Am Abende desselben Tages wurden 8 Mann, ebenfalls Schwerverwundete, von dem nahen Dorfe Svéty, und den folgenden Tag, am 28. September, noch 12 Mann von Masloved überbracht, so dass nunmehr der Gesammt-Krankenstand 75 Mann betrug.

Das Spital ist im gräflich Sternberg'schen Schlosse auf einer kleinen Anhöhe gelegen, sehr gut etablirt, und die Verwundeten in guten, geräumigen, luftigen und hellen Räumlichkeiten untergebracht.

So weit als sich von dem Ueberblick bei der Uebernahme und bei der den folgenden Tag von österreichischer Seite vorgenommenen ärztlichen Besichtigung der Verwundeten aburtheilen lässt, muss sich über dasselbe bei jenen Verwundeten, die hierselbst behandelt wurden, im Allgemeinen und Ganzen nur anerkennend ausgesprochen werden. Die von Svety übernommenen Kranken waren in ärztlicher Beziehung vernachlässigt, mit nur mangelhaften Verbänden versehen, und in ihrem Kräftezustand bedeutend herabgekommen. Zwei von diesen 8 Verwundeten starben nach wenigen Tagen, ein dritter fristet nur für wenige Tage sein Leben.

Was jedoch die hygienischen Massregeln betrifft, so liessen dieselben so Manches zu wünschen übrig; so wurde Reinlichkeit fast allenthalben vermisst.

Die Bett- und Leibwäsche war meist sehr unrein, sehr viele Strohsäcke und Matratzen gänzlich durchgefault, in den Betten alle mögliche schmutzige Fetzen, unter dem Kopfe nebst den oft vom Blute ganz durchtränkten einzelnen Montursstücken schmutzige Federpölster. Die Kost war nach allgemeiner Aussage der Kranken schlecht und ungenügend. Sie bekamen die längste Zeit Mittags Suppe und ein kleines Stückchen Fleisch und schwarzes Brod — später sollen sie ein ziemlich grosses Stück Fleisch in der Suppe zu Mittag erhalten haben. Die Morgen- und Abendsuppe konnten die Kranken nicht geniessen, weil sie bloss aus heissem etwas gesalzenem Wasser, in welches rohes Mehl gethan und ein wenig aufkochen gelassen wurde, bestand und die einem dünnen Kleister sehr ähnlich gewesen sein soll. Wein bekamen die Kranken jedoch reichlich; Vormittags und Mittags. Nachmittags wurde ihnen oftmals schwarzer Kaffee gereicht, und jeder Mann bekam noch täglich zwei Stück Zigarren.

Das Wartepersonal kümmerte sich um die Verwundeten sehr wenig; denn bei sehr vielen derselben war während der ganzen Zeit ihres hierortigen Aufenthaltes das Bett kaum einmal gerichtet worden.

Mit ärztlichen Hilfsmitteln, mit ausgezeichnetem Rothwein und mit Viktualien für die Verwundeten wurde das Spital insbesondere von dem königlich preussischen Johanniter-Orden versehen.

Es war wehmüthig und rührend zugleich anzuhören, wie sich die armen Verwundeten freuten, dass sie nun wieder in die Pflege ihrer Leute, wie sie sich ausdrückten, kämen.

Gegenwärtig sind die Kranken sehr zufrieden, loben ihre jetzige Kost über allen Vergleich mit der früheren, sind heiter, guten Muthes, und erholen sich sichtlich von Tag zu Tag.

Nedelist, 9. September 1866.

Dr. Spanner, k. k. Regimentsarzt.

An die löbl. Lokal-Sanitäts-Kommission in Königgrätz.

In Folge des Auftrages der löblichen Lokal-Sanitäts-Kommission de dato 8. September l. J. wird hier die Konsignation über die Spitalsbedürfnisse für die nächsten zwei Wochen, sowie auch jene über die im hiesigen Spitale befindlichen Amputirten, deren Genesung in Aussicht steht, unterbreitet.

Was den in der Zuschrift angeführten Punkt 3, nämlich den Bericht über den Zustand des Spitals und der Kranken bei der Uebernahme etc. anbelangt, so kann hier Folgendes bemerkt werden:

Das hiesige Spital und die darin befindlichen Kranken wurden im Ganzen in gutem Zustande übernommen, was ausser der verständigen Anordnung des Herrn preussischen Stabsarztes Dr. Finke hauptsächlich der pünktlichen Ausführung derselben durch die unermüdliche Thätigkeit der 4 preussischen Diakonissen zu danken ist. Nur ein Umstand muss auch hier hervorgehoben werden, nämlich, dass von Seite der Herren Aerzte diesen 4 Schwestern zu viel überlassen wurde und zwar vorzüglich auch die Nachbehandlung der Operirten, woraus ferner der Decubitus an Stellen, wo er so leicht zu vermeiden gewesen wäre, zu erklären ist. Hingegen übernahm das hiesige Spital von dem preussischen Lazarethe in Maslovéd 12 Kranke, deren Vernachlässigung wahrhaft in die Augen springend ist. Kranke mit Schussfrakturen sagten selbst aus, durch 6 Wochen keinen andern Verband als eine nasse Kompresse gehabt zu haben. Tiefe Verjauchungen, herbeigeführt durch massenhafte, alte nekrotische Knochentrümmer, — bei Einem nach einer in der Kontinuität des Femur ausgeführten Resektion — waren fast bei Allen diesen nachweisbar und nur die traurigsten Resultate sind bei den allermeisten von dort übernommenen Patienten zu erwarten.

Was die Verpflegung unter der preussischen Regieführung anbelangt, so muss man gestehen, dass das Spital, weil es aus 3 Quellen schöpfte, (darunter ganz vorzüglich die des Dresdner internationalen Vereins, vertreten hier durch Frau Simon) mit allem Möglichen reichlich versehen war. Die Kranken bekamen selbst Leckerbissen und des Tags über sehr oft zu essen — selten aber eine wahrhaft ausgiebige und nahrhafte Mittagskost. Jetzt werden sie nur dreimal des Tags ausgespeist, und dennoch wurden Schinken, Butterschnitte, Chokolade, Kraftbrühen etc. von unseren Kranken bisher noch nie vermisst, ja sie gestehen ganz offen, dass sie jetzt mit der wirklich ausgezeichneten Kost, wie sie vom hiesigen Trakteur Herrn Prazak geliefert wird, viel besser verpflegt sind. Am deutlichsten und objektivsten spricht dafür das Aussehen der Patienten, welches sich seit den letzten 14 Tagen überraschend gehoben hat.

Ueber die Wartung ist nur das zu erwähnen, dass nebst 5 preussischen und 3 sächsischen Lazarethgehilfen, ferner 4 preussischen Diakonissen und 5 freiwilligen Krankenpflegerinnen noch 11 Dorfleute als Wärter aufgenommen waren, — dass sie also mehr als hinreichende gewesen.

Punkt 4 (Tag des Beginnens der jetzt bestehenden Zivil-Regie etc.) findet in Folgendem seine Beantwortung:

Die Zivil-Regie in obigem Spitale begann am 29. August d. J., nur der Kontrakt mit der Wäscherin trat schon mit dem 27. August d. J. in Wirksamkeit. Kranke waren an diesem Tage 79, darunter 4 Offiziere. Zivil-Wärter aus dem hiesigen Dorfe waren 9, 3 preussische Diakonissen und 2 Spitalsgehilfen.

Uebrigens wird auch der jetzige Stand an Wartpersonale, sobald eine bessere Rangirung der Kranken durch die späteren Verhältnisse ermöglicht wird, vermindert werden.

Horenoves, am 12. September 1866.

Oberarzt Dr. Janda, Chefarzt.

An die löbliche k. k. Sanitäts-Kommission in Königgrätz.

Ueber Aufforderung der löblichen k. k. Sanitäts-Kommission in Königgrätz vom 8. September 1866 beehrt sich der Gefertigte anzuzeigen:

1. Dass sämmtliche zur Bewirthschaftung des Spitals nothwendigen Bedürfnisse, als Decken, Leintücher, Hemden, Bettfournituren, Charpie u. s. w. durch die Hilfkomite's und die Privatwohlthätigkeit für den noch bestehenden Krankenstand ausreichend gedeckt sind. Wünschenswerth wäre eine Sendung von Wein, da derselbe gegenwärtig nicht in hinreichender Menge vorhanden ist.

2. Die Konsignation über die hier noch befindlichen Genesung versprechenden Amputirten liegt bei.

3. Die Verwundeten des königlich preussischen 1. schweren Feldlazarethes wurden von mir am 1. September l. J. in Verpflegung und am 4. d. M. in meine ärztliche Behandlung übernommen.

Was den Zustand des übernommenen Lazarethes sowie der darin befindlichen Kranken anbelangt, so war derselbe ein in vieler Beziehung vernachlässigter.

In sämmtlichen Höfen, Gängen und Krankenzimmern des Schlosses war massenhafter Unrath angesammelt und eine verdorbene höchst übelriechende Luft anzutreffen. In den meisten Betten der Verwundeten lag, sowie in den Kasten der Krankenzimmer, zahlreiches, theils reines, zum grossen Theile aber schon gebrauchtes und verunreinigtes Verbandmateriale zerstreut, die Bett- und Leibwäsche vieler Verwundeter war von Eiter und Wundsekret buchstäblich durchtränkt, und die meisten Verbände in einem so derouten Zustande, dass es mehrere Tage hindurch der angestrengtesten Thätigkeit bedurfte, um Ordnung und Reinlichkeit zu erzielen.

Insbesondere waren es die Gypsverbände, welche nicht blos Auge und Nase durch ihre Unförmlichkeit und ihren vernachlässigten Zustand beleidigten, sondern sich auch für die Verwundeten direkt schädlich erwiesen, indem sie eine bis in das Monströse gehende Schwellung und Abschnürung der Weichtheile und dadurch eine üble Beschaffenheit der Wunden bewirkten, wesshalb die Verwundeten von denselben befreit und mit einfachen Unterlagsverbänden in Hohlschienen von Draht versehen, ihre Dankbarkeit in Wort und Miene äusserten.

Was den Gefertigten in hohem Grade indignirte, war besonders der Umstand, dass bei der Uebernahme des Lazarethes von dem Vorhandensein einer Leiche in der Leichenkammer des Schlosses keine Erwähnung gethan wurde, und derselbe nach mehreren Tagen durch den üblen Geruch darauf aufmerksam gemacht, die Thüre der Leichenkammer in Ermanglung des Schlüssels erbrechen, und den in starker Verwesung vorfindlichen Leichnam allsogleich bestatten lassen musste.

Die Verpflegung der Verwundeten unter preussischer Regieführung war nach ihrer Aussage gut und bestand in Folgendem: Morgens 6 Uhr Sagosuppe, um 8 Uhr Milchkaffee, um 10 Uhr Bouillon und Braten, um 12 Uhr eingekochte Fleischbrühe und Rindfleisch, $^1/_2$—1 Pfund, halbweisses Brod oder 10 Loth Semmel, $^1/_2$—1 Seitel Wein; 4 Uhr Nachmittags Butterbrod und Milchkaffee, um 6 Uhr Sago- oder Griessuppe.

Das Wartpersonale bestand für je 8—10 Verwundete in 1 Wärter, 1 Heilgehilfen und 1 Ordensschwester, die mit der Nachtwache abwechselten.

4. Die dermalen bestehende Zivil-Regie begann für die Verwundeten in der Kaserne am 29. August und betrug der Stand der Verwundeten an diesem Tage 88, der des Wartpersonales 16 Köpfe, darunter vom Zivile 14, vom Militär 2 Mann.

Für die von dem preussischen Feldlazarethe übernommenen Verwundeten im Schlosse, in der Gensdarmerie-Kaserne und in Wokschitz begann die Zivil-Regie am 1. September und betrug der Krankenstand an diesem Tage, das Choleralazareth und die Kaserne mit inbegriffen 147, der des Wartpersonales 74 Köpfe, darunter 55 Mann preussisches Wartpersonale und 19 eigene Wärter, u. z. 6 vom Zivil- und 13 vom Militärstande. Die österreichischen Ordensschwestern wurden, da sie von der Gemeinde verpflegt werden, nicht mit eingerechnet.

Die ungewöhnlich hohe Summe von Wartpersonale erklärt sich aus dem Umstande, dass man vom 1. bis inklusive 3. d. M. die gesammte preussische Wartmannschaft mit verpflegen musste.

Im weiteren Verlaufe wurde das Wartpersonale verringert, konnte jedoch nicht auf jenen Minimalstand herabgesetzt werden, wie er von der löblichen Sanitäts-Kommission anbefohlen wurde.

Gitschin, am 11. September 1866.

Dr. Riedl, Regimentsarzt.

Löbliche k. k. Lokal-Sanitäts-Kommission in Königgrätz.

Mit Bezug auf den Befehl der löblichen Sanitäts-Kommission vom 8. September d. J. werden umgehend nachstehende Auskünfte ertheilt:

1. Von Spitalsrequisiten werden hier benöthigt: 100 Leintücher und 50 Decken, mit andern Spitals-Requisiten ist die Anstalt vollkommen versehen.

2. Die Konsignation über sämmtliche Amputirte liegt bei.

3. Der ausführliche vorgeschriebene achttägige Rapport wurde am 9. d. M. an die löbliche Sanitäts-Commission abgesendet. Bei der Uebernahme des Spitales am 1. September wurden die Kranken im Schlosse und in der Stadt auf das Beste verpflegt und ganz entsprechend ärztlich behandelt gefunden. Die Damen-Krankenpflegerinnen aus Breslau liessen es den Kranken im Schlosse an nichts fehlen, dieselben wurden beinahe durch ausgesuchte und Luxusspeisen förmlich verwöhnt. Die ärztliche Pflege leiteten 3 Zivilärzte aus Breslau im Schlosse aufs

Beste. Ein Uebelstand, dem sogleich nach Uebernahme des Spitals abgeholfen werden musste, lag in der geringen Sorgfalt, die auf das Reinhalten der Lokalitäten des Schlosses im Allgemeinen verwendet worden war, namentlich die Höfe und Aborte wurden in sehr vernachlässigtem Zustande getroffen.

Gleich nach der Uebernahme wurden die Höfe, Gänge und Krankenzimmer gescheuert und gereinigt, der am meisten übelriechende Abort vernagelt. Der Unrath wird nun durch ein eigenes hiezu angestelltes Individuum, so oft es noththut, in eine Senkgrube getragen, der Abfluss des Abortes wird gereinigt und neu überwölbt. Der Uebelstand, dass im Schlosse kein Trinkwasser zu haben ist, und dass keine zweckmässigen Aborte, sondern nur Verschläge mit Leibstühlen in jenem Trakte des Schlosses, wo die Verwundeten untergebracht sind, bestehen, erschwert sehr die Verwaltung der Anstalt, und macht auch ein zahlreicheres Personale zur Reinhaltung der Lokalitäten nothwendig, als dieses unter anderen Umständen der Fall sein würde.

Minder günstig waren bei der Uebernahme die Verhältnisse jener Verwundeten, welche am Schüttboden untergebracht waren. Verpflegt waren sie wohl auch hier gut, doch die eigentliche ärztliche Pflege liess manches zu wünschen übrig. Das Lokale zwar luftig, aber sehr finster, und für die jetzige Jahreszeit zu kühl, wurde auch sogleich, sobald es die Verhältnisse gestatteten, geräumt und am 10. September der Schlossverwaltung zur Verfügung gestellt.

Gegenwärtig sind alle Verwundeten, welche sich in der Verpflegung des Spitales befinden, im Schlosse untergebracht, und ist hier die Verpflegung und Wartung derselben auf das Beste geregelt. Die in Privatflege befindlichen Verwundeten befinden sich sämmtlich in der Stadt.

4. Die dermalen bestehende Zivil-Regie begann am 1. September l. J. Die Ordensschwestern werden zufolge hohen k. k. Landes-General-Kommando-Befehles von Wien ddto. 28. August 1866 Abtheilung 5, Nr. 3363 nach dem Modus wie die Offiziere verpflegt.

Nachod, am 11. September 1866.

Dr. Lany,
k. k. Ober- und Chef-Arzt.

Bericht
an den Herrn Chefarzt Dr. Rock in Folge Auftrages der Lokal-Sanitäts-Kommission.

a) Bezüglich allfälliger Spitalsbedingnisse für 2 Wochen macht der Gefertigte nur auf 4 Artikel aufmerksam: Wein, Tabak, Schweisstuch, Charpie.

b) Bezüglich des Zustandes der Spitäler und der Kranken bei der Uebernahme der Wartung und Verpflegung bei den Preussen bemerkt derselbe:

Wenngleich in Bezug auf Reinhaltung der von den Preussen im besten Zustande übernommenen Lokalitäten H. Nr. 73 und 64 wenig genug geschehen war, wenn insbesondere die Aborte in einem abscheulichen Zustande sich befanden; so fand sich doch nicht jene Masse von Schmutz wie anderwärts und ist dieses wohl der Thätigkeit der Schwestern in jenen Häusern zuzuschreiben. Die Betten der Kranken waren, insbesondere die Untorlagen, in einem schmutzigen Zustande. Wäsche, Utensilien und Medikamente waren in ziemlich genügender Menge vorhanden.

Die Kranken waren in den genannten Häusern ziemlich gut genährt, besser in Nr. 73. Dieselben waren jedoch sehr ungenügend gereinigt. Nicht nur war die Umgebung fast aller Wunden mit eingetrockneten Wundsekreten, Heftpflastern etc. beschmutzt, sondern am ganzen Körper fand sich meist noch Staub und Schmutz, der von den Märschen her datirte.

Die Behandlung der Kranken war meist eine nicht irrationelle. Die Verbände waren zwar nicht gerade mit Fleiss gemacht (mit Ausnahme einiger Gypsverbände), doch meist genügend. Wie überall, fanden sich zu alt gewordene Gypsverbände vor.

In Bezug auf Entfernung nekrotischer Knochen bei den Frakturen haben uns die preussischen Kollegen die meiste Arbeit übrig gelassen.

Die Verpflegung im Hause Nr. 64 war die erste Woche hindurch insbesondere in Bezug auf die Quantität nicht genügend. (Morgens Kaffee, Mittags Suppe mit einigen Stückchen Fleisch, Abends Suppe, Brod genügend, etwas Wein.) Als die Schwestern die Küche übernahmen, wurde die Kost besser und reichlicher.

Im Hause Nr. 73 wird die preussische Verpflegung von den Kranken als gut und ausreichend gelobt.

In beiden Häusern sind die Kranken mit unserer jetzigen Verpflegung sehr zufrieden und ziehen sie der preussischen weit vor.

Die Wartung im Porak'schen Hause geschah durch einheimische Wärter, soweit sie eckelhafte oder schwere Arbeit involvirt. Diese Wärter waren in ungenügender Zahl vorhanden, worüber die Kranken sehr klagten. Ausserdem waren dort 8 Schwestern, die auch die Küche besorgten. Aehnlich war das Verhältniss im Hause Nr. 73.

Die zwei jetzt hier befindlichen Schwestern theilen sich in beiden Häusern in die Aufsicht über die Wäsche, Utensilien und das Wartpersonale.

Die Beschränkung der Wärterzahl kann in den genannten Häusern im gegenwärtigen Augenblicke nicht ohne Schaden der Kranken durchgeführt werden.

Trautenau am 11. September 1866.

Dr. Johann Pichler.

An die löbliche Spitalsverwaltung zu Trautenau.

Bericht
über das Feldspital „die Schule".

Die Uebernahme des Lazarethes unsererseits erfolgte Sonntag den 2.; die Verpflegung der Kranken und des Wartpersonales begann am 3. September. Der Zustand des Hospitals, das eine Totalsumme von 115 Kranken und 12 Wärtern aufwies, war ein wenig befriedigender zu nennen. Die Zimmer starrten voll Unrathes, sie waren vollgepfropft mit Schulbänken und anderen unnützen und leicht wegzuschaffenden Geräthen, welche nicht nur den ohnehin sehr spärlichen Raum noch mehr beengten, sondern auch der Ansammlung von gebrauchten Verbandstücken, Abfällen etc. eine willkommene Stätte darboten. Der Zimmerboden trug eine dicke Schmutzschichte. Die Retiraden waren ebenfalls stark verwahrlost, der sich alldort entwickelnde Ammoniakgeruch für einen Gesunden kaum zu ertragen.

Längs der ganzen Aussenseite der rechten Seitenmauer des Schulgebäudes waren Haufen verfaulter Charpie angesammelt; ein Zeichen, dass man die verbrauchten Verbandstücke aus den Krankenzimmern ganz einfach dadurch zu entfernen pflegte, dass man dieselben zum Fenster hinauswarf.

Die Kranken selbst lagen theils ohne jeden Verband, theils in Gyps- und Schienenverbänden, die durch ihren wahrlich schenswürdigen Schmutz von ihrem wohl spärlichen Wechsel lautes Zeugniss abgaben.

Die Krankheitsfälle waren meistens schwere Schussfrakturen, theils noch jauchend, theils durch unförmliche Kallusbildungen schon verbunden. Gelenksverletzungen waren sämmtlich operirt worden und verblieben 4 Ellbogen-, 2 Schultergelenks-Resektionen und 6 Amputirte, deren Befinden sämmtlich gut ist. Die Amputationen vertheilen sich auf 3 Oberschenkel-Amputationen (2 im obern, 1 im unteren Drittheile) und 3 Unterschenkel-Amputationen (2 an der Wahlstelle, 1 unter der Mitte); ein Oberschenkel-Amputirter bedarf der Conicität des Stumpfes und der Nekrose des Knochens wegen einer Nachoperation. Gestorben ist nur ein Mann an Bauchfellentzündung in Folge eines penetrirenden Beckenschusses. Gegenwärtig sind 12 Zimmer von Kranken eingenommen. Die Vertheilung ist der verschiedenen Grösse der Zimmer wegen eine ungleichmässige. Die Anzahl des Wartpersonales ist 13; barmherzige Schwestern zwei.

Die Kost war unter preussischer Führung, nach Angabe der Kranken, genügend. Von medizinischem Standpunkte betrachtet, war sie unzweckmässig, indem viel Brod und wenig Suppe und Fleisch an der Tagesordnung waren. Die Kranken beklagten sich weniger über die Kost, als über die mangelhafte Reinlichkeit und ärztliche Pflege. Gegenwärtig ist die Kost kräftig, genügend, nur wäre in der Wahl des Abends gereichten Bratens mehr Abwechselung wünschenswerth, indem Schöpsenbraten und Rindsbraten alternirend gegeben werden, Kalbsbraten nur einmal, Lammsbraten noch gar nie zu sehen war.

Die Bedürfnisse des Spitales sind gering, Tabak und Wein würden die Haupterfordernisse sein, ebenso wären Virginia-Zigarren sehr erwünscht. Verbandmateriale ist in genügender Menge vorhanden. Leintücher und Hemden sind sparsam zugegen, dürfen sich aber als hinreichend erweisen, wenn, wie zu hoffen, weitere Transporte gestattet werden dürfen. Unterhosen mangeln, ebenso wären Montursstücke erwünscht.

Trautenau, am 11. September 1866.

Dozent Dr. Mosetig, Chefarzt.

Löbl. k. k. Lokal-Sanitäts-Kommission in Königgrätz.

Der Gefertigte hat das Postgebäude, 2 Baraken und 2 Zelte mit einem Krankenstande von 94 Mann übernommen.

Das Postgebäude war im Allgemeinen zu überfüllt, die Reinlichkeit in den Krankenzimmern, Betten, Bettwäsche, Verbänden, Gängen, Aborten und im Hofraume liess sehr viel zu wünschen übrig, und die sehr schlechten Folgen der Unreinlichkeit zeigten sich in dem Auftreten von Pyämie und Brand, so zwar, dass das Gebäude innerhalb der ersten drei Tage vollkommen geräumt wurde, um darin eine gründliche Desinfektion vornehmen zu können.

Die Baraken Nr. 2 und 3 zeigten denselben Zustand der Unreinlichkeit des Fussbodens, der Betten etc. wie im Postgebäude.

In dem auf dem benachbarten Felde stehenden Zelte lagen halb verfaulte Matratzen, Strohsäcke, mit Eiter imprägnirte Verbandstücke, Bettwäsche, Leibwäsche, chirurgische Apparate bunt durch einander, und die üblen Gerüche verpesteten die Umgebung.

Die Verbände der sehr zahlreichen Frakturen waren einzelne sehr gut und zweckmässig, aber viele auch sehr unreinlich und nicht entsprechend.

Was die Kost anbelangt, so erklärten die darüber befragten Kranken, dass sie unter preussischer Regieführung eine schlechte und ungenügende gewesen sei.

In der Post befanden sich drei geistliche Schwestern; über die Anzahl der Wärter kann der Gefertigte keinen genauen Aufschluss geben.

Trautenau, am 11. September 1866.

Dr. Rock, Regimentsarzt.

Bericht
über das Spital im Keller und der Baracke Nr. 1 in Trautenau.

Nachfolgend erledigt der Gefertigte die an ihn heute gestellten Fragen:

ad 1) Für die nächsten 14 Tage hat die obige Abtheilung keine Bedürfnisse. Die Verpflegung findet entsprechend Statt.

ad 2) Alle Kranken waren höchst unrein und verwahrlost gehalten, ihr Leib wochenlang nicht gewaschen, die Leib- und Bettwäsche ebenso wochenlang nicht gewechselt, voll Eiter, Charpie und Exkrementresten. Die Strohsäcke und Matratzen waren theilweise verfault, die Zimmerböden waren monatlange ungewaschen, alle Utensilien unrein. Die Aborte waren besonders vernachlässigt. Keine Spur von Desinfektions-Versuchen. Ueberall lag der Unrath umher, alte Verbandstücke, Charpie, ja sogar nekrotische Knochen. Um das Spital, Keller und Baracke Nr. 1 lagen ganze Haufen solcher Abfälle, so dass eine 2 Klafter lange, 4 Schuh breite, 1 Klafter tiefe Grube damit ausgefüllt wurde. Solche Einflüsse und ihre Resultate bedürfen keines weiteren Kommentars. Und in der That fanden wir die Kranken, welche, wie sie uns wiederholt versicherten, ebenso dürftig als unregelmässig genährt worden waren, so abgemagert, dass sie Gerippen ähnlich sahen. Das Wartpersonale versicherte uns gleichzeitig, dass die Mortalität in beiden Abtheilungen wahrhaft erschreckend war, und fast jede Operation den Tod zur Folge hatte.

Trautenau, 12. September 1866.

Dr. Mundy, k. k. Regiments-Arzt.

An die k. k. Sanitäts-Kommission in Königgrätz.

Die Militär-Spitalsverwaltung erlaubt sich in Beantwortung der an dieselbe gestellten Fragen folgendes zu berichten:

1. Benöthigen wir noch beiläufig 50 Essschalen, ferner dürften die im hiesigen Kloster für die Verwundeten deponirten $2^1/_2$ Eimer Wein nur für einen Zeitraum von 10 Tagen ausreichen, daher eine Zusendung von Wein erbeten wird.

2. Von den 17 hier befindlichen Amputirten kann man von 13 die Genesung hoffen. Es folgt die Liste derselben bei. Die Uebersendung von Krücken an die derselben Bedürftigen ist wünschenswerth.

3. Was den Zustand des hiesigen Schlosses und der daselbst untergebrachten Verwundeten anbelangt, so fanden wir bei deren Uebernahme,

dass in jeder Beziehung viel zu wünschen übrig blieb. Die Kranken lagen hier in den geräumigen, aber wenig ventilirten Zimmern auf dem Boden auf Strohsäcken. Der unreine Zustand ist durch den Umstand zu erklären, dass es an Bettwäsche und dem einfachsten Verbandmateriale gebrach. Die preussischen Truppen thaten für das Spital nichts anderes, als dass sie einen Offizier ihrer Truppe zum Spitalskommandanten einsetzten, welcher eher hemmend als fördernd auf die Thätigkeit der behandelnden Aerzte einwirkte. Die Behandlung der Kranken befand sich in den Händen eines Wundarztes und zweier Studirender der Medizin, nachdem von den hier mehrere Wochen anwesenden preussischen Truppenärzten für die Verwundeten gar nichts geschehen war.

Ueber die seit unserer Ankunft hier verpflegten Verwundeten wird in kurzer Zeit der Standesausweis sowie ein Bericht nachfolgen.

Neustadt an der Metta 10. September 1866.

Dr. Julius Nettolitzky.
k. k. Ober- und Chefarzt.

Bericht
an die löbl. Sanitäts-Commission in Königgrätz.

Was zunächst den Zustand der Reinlichkeit der übernommenen Spitalslokalitäten und Kranken betrifft, so liess dieser viel zu wünschen übrig; denn an eine Reinigung der mit Jauche und Blut getränkten Fussböden, sowie an eine Ausräumung der Latrinen war bisher nicht gedacht worden. Mehrere von den preussischen Aerzten vorgenommene Desinfektionsversuche der Latrinen mit Chlorkalk und Eisenvitriol führten aus dem Grunde zu keinem Resultate, als bei der ungeheuren Anhäufung von Exkrementen und mit Jauche getränktem Verbandzeug, wohl nur eine sehr mangelhafte und oberflächliche Desinfektion mit obgedachten Substanzen stattfinden konnte. In einem Spitale, wo nicht die Hauptbedingungen zur Genesung erfüllt werden, wo nämlich nicht für genügende Reinlichkeit des Kranken sowohl, als der Belagsräume, und für reine Luft gesorgt wird, ist auch der Heiltrieb kein besonders günstiger, und es muss daher bemerkt werden, dass vielleicht blos aus diesem Grunde der Zustand der übernommenen Verwundeten viel zu wünschen übrig liess.

Mit ganz besonderer Auszeichnung muss dagegen der stattgehabten Verpflegung und Wartung gedacht werden, die den Kranken durch die von der königlich preussischen Regierung hieher gesendeten 24 Nonnen im ausgiebigsten Maasse und auf die liebevollste Weise zu Theil wurde. Die wahrhaft grossartigen Spenden des k. pr. Johanniter-Ritterordens an Nahrungsmitteln, Wein, Säften, Verbandzeug aller Art, Wäsche u. s. w., machte es den überaus sorgsamen Schwestern möglich, in dieser Richtung jedem Bedürfnisse zu entsprechen.

Alle von der k. pr. Regierung anher gelieferten Lazarethgegenstände wurden noch vor der Uebernahme zurückgezogen, und es blieben den Spitälern nur noch die von dem Johanniter-Ritterorden gespendeten Spitalsgegenstände als Kotzen, geheftete Strohsäcke, Leintücher, Pölster, Wannen, Luftpölster u. s. w., ohne weitere Verpflichtung oder Verantwortung in ziemlich hinreichender Quantität.

Bis jetzt wurden folgende Veränderungen vorgenommen:

Von den am Bahnhofe in Zelten untergebrachten 60 Verwundeten wurden 30 leichter transportable nach Josefstadt abgeschickt, die übrigen mit Schussfrakturen behafteten in die zu Königinhof eingerichteten Spitäler vertheilt. Ebenso wurde die Spitalsabtheilung im sogenannten Gartenhause geräumt und den Preussen überlassen.

Die Verwundeten befinden sich dermalen in vier Lokalitäten vertheilt, wovon das Schulgebäude weitaus die geräumigsten Lokalitäten besitzt mit einem Belagsraume für beiläufig 80 Kranke, ferner im Tanzsalon für 20 und ein Privatgebäude für beiläufig 25 Kranke. Ausserdem befinden sich noch 3 Offiziere in einer, ein vierter in einer andern Privatwohnung.

Nähere Berichte behalten sich die Gefertigten einer künftigen Zeit vor.

Königinhof am 11. September 1866.

Dr. Neugebauer,   Dr. Golling,
Regimentsarzt.   Regimentsarzt.

Löbliche k. k. Lokal-Sanitäts-Kommission.

In Befolgung des Befehles vom 3. d. M., welcher mir jedoch erst am 12. zukam, beeile ich mich zu melden:

Ich habe die Sanitätsgeschäfte am 10. d. M. übernommen. Die Schulen sind geräumt, Schloss und Schiessstätte dürften schon morgen von allem Schmutze gereinigt sein. Die Wärter sind unbrauchbar, 3 sind bereits entlassen, die übrigen 5 werden im Verlaufe von 2—3 Tagen entlassen werden. Ich nehme Soldaten und einige Weiber als Wartpersonal. Die Schwestern, die erst heute vollzählig und dienstfähig sind, unterstützen mich in der Räumung des Augiasstalles.

Dringend nöthig für Reichenberg sind 500 Leintücher, 100 Hemden, 100 Unterhosen, 15—20 Pfd. feine Baumwolle und 2 Eimer Wein. Erwünscht wären 100 dreieckige Tücher.

Freitag den 14. werde ich im Einverständniss mit der hiesigen Civilbehörde einen grösseren Transport Geheilter fortsenden. Bis jetzt hat es mir absolut an Zeit gemangelt, eingehende Berichte zu schreiben. Der Bericht über die Amputirten folgt in einigen Tagen.

Reichenberg den 12. September 1866.
Dr. Neudörfer,
k. k. Regimentsarzt.

Zeugniss.

Unter den letzten, nach dem vorjährigen Feldzuge im hiesigen Schlosse zur Heilung untergebrachten verwundeten k. k. österreichischen Offizieren befanden sich die Herren Zierler, Hauptmann beim 11. Artill.-Regimente und Niever, Hauptmann beim 78. Inf.-Regiment, welche nach theilweiser Herstellung am 18. August 1866 zur nächsten Eisenbahnstation Chotzen, Behufs ihrer Weiterreise nach Wien sich begaben, am selben Tage jedoch, da ihnen dort vom königlich preussischen Generale v. Steinmetz die Weiterreise wegen verweigerter Reversausstellung nicht gestattet wurde, hieher zurückkehrten.

Am 20. August 1866 langte hierauf unter dem Befehle eines k. preussischen Lieutenants eine feindliche Infanterie-Abtheilung des 37. Füsilier-Regimentes hier an, um die österreichischen Rekonvaleszenten aufzugreifen, und von dieser wurde auch am selben Tage Nachmittags der obgenannte k. k. Hauptmann Herr Niever als Kriegsgefangener nach Holic eingeliefert; der andere Herr entging jedoch wegen seiner ausgesprochenen körperlichen Schwäche und Nichttransportabilität der Gefangenschaft gegen Abgabe seines Ehrenwortes, dass er vor dem definitiven Friedensabschlusse Kostelec nicht verlassen würde.

Welche Thatsachen hiemit über Aufforderung zur Steuer der Wahrheit bestätiget werden.

Vom Bürgermeisteramte zu Adlerkostelec, am 19. März 1867.

J. Karas,
Bürgermeister.

Johann Schumacher,
Gemeinderath.

Erklärung
über einen Vorfall in Nechanic.

Im Beginne des Monates August v. J. als die in Nechanic unserer Heilpflege anvertrauten österreichischen Verwundeten durch mehrere Tage keinen Wein erhielten, und wir Gefertigten mit unserer diesfälligen Verwendung von der k. preussischen Intendantur abweislich beschieden wurden, obgleich die Cholera an Extension zunahm, wandten wir uns unter Beiziehung des Bürgermeisters von Nechanic an das löbliche Prager Hilfs-Komite mit der Bitte, dasselbe wolle uns eine entsprechende

Quantität guter alkoholischer Getränke übersenden, und zum Transporte derselben die damals von Nechanic nach Prag mit Rekonvaleszenten abgegangenen Vorspannsfuhren bei ihrer Rückfahrt benützen. Nach wenigen Tagen langten in der That zwei Fass Pilsner Bier, ein Fass Melniker Wein und ein Gefäss mit Kümmelbranntwein unter unserer Adresse aber mit preussischer Eskorte an, und wurden vom dortigen Etappenkommandanten Lieutenant O. in seinen Lokalitäten deponirt. Alle von uns gemachten und vom Bürgermeister Cerich unterstützten Anstrengungen wegen Erfolgung dieser unter unserer Adresse angelangten Getränke sind fruchtlos geblieben, und wir sind um so weniger in der Lage anzugeben, welcher Bestimmung diese Getränke zugeführt worden sind, als keinem der von uns gepflegten und behandelten österreichischen Verwundeten Pilsner Bier, Melniker Wein oder Kümmelbranntwein verabreicht worden ist.

Prag, am 2. April 1867.

Dr. Volák Alois,   Dr. Hellmuth,
Sekundararzt   Sekundararzt
im k. k. allgem. Krankenhause.

Protokoll,

aufgenommen am . . . . . . 1866 zu N. von Seite der durch Se. k. k. apostolische Majestät zu Folge h. k. k. Kriegsministerialschreibens zur Uebernahme des in N. etablirten Militärspitals in die Zivilregie aufgestellten k. k. Sanitäts-Kommission.

Gegenstand

ist die Sicherstellung der Gesammtverpflegung der in dem Militärspitale zu N. unterbrachten Verwundeten, Kranken und des zur Pflege beigegebenen Wartpersonales..

Die k. k. Sanitäts-Kommission ist in dieser Richtung mit dem löblichen Vorstande der N.-Gemeinde in Verhandlung getreten, und es wurden demselben zunächst die Bedingungen, unter welchen die Gesammtverpflegung in diesem Spitale zu erfolgen hat, nachstehend bekannt gegeben.

Der löbliche Vorstand der Gemeinde hätte in dem etablirten Spitale die Verköstigung der daselbst in Verpflegung stehenden Kranken, Verwundeten und des Wartpersonales, die Wäschereinigung, die gesammte Hausreinigung, dann die sich etwa ergebende Kanal- und Abortreinigung mit inbegriffen, die Bestellung der Beleuchtung für sämmtliche Räumlichkeiten, die etwa nach Bestimmung der k. k. Spitalsverwaltung nothwendige Beheitzung, sowie die Nachfüllung der Strohsäcke, kurz alle jene Leistungen zu übernehmen, welche zur ordentlichen Bewirthschaftung der Anstalt und klagelosen Sicherstellung der Krankenverpflegung von der jeweiligen Spitalsverwaltung für nothwendig erkannt werden.

1. Bezüglich der Verköstigung wird von der k. k. Sanitäts-Kommission folgende Ausspeisungsnorm festgestellt.

Die Verköstigung jedes einzelnen Kranken sowie jeder mit dem Krankenwärterdienste betrauten in diesem Spitale in Verwendung stehenden Person hat zu bestehen:

a) F r ü h. Aus einem Seitel guter Einbrennsuppe, oder einem Seitel weissen Kaffee, oder aus einem Seitel abgekochter Milch, ferner aus einer Mundsemmel im Gewichte von mindestens 3 Loth, oder aber aus neun Loth Weissbrod.

b) M i t t a g s. Aus einem Seitel eingekochter, guter, kräftiger Rindssuppe, aus 8 Loth gekochtem Rindfleisch mit Gemüse und für die in Verpflegung stehenden Herren Offiziere nebstbei aus einem Braten, ferner aus einer Mundsemmel im Gewichte von mindestens 3 Loth oder neun Loth Weissbrod.

c) A b e n d s. Aus einem Seitel guter, eingekochter Rindssuppe wie zu Mittag, aus einer Mundsemmel im Gewichte von mindestens 3 Loth oder neun Loth Weissbrod, dann sowohl für die Offiziere als auch für die Mannschaft und für das Wartpersonale aus einem Braten.

Zum Einkochen in die Rindsuppe sollen Gries, Graupen, Reis, Nudeln oder sogenannte Fleckerln verwendet werden, und es soll sowol mit der eingekochten Suppe, wie mit den Bratengattungen täglich abgewechselt werden.

Der für die Herren Offiziere beizustellende Braten wird mit . . kr. österr. Währ. besonders vergütet.

2. Der löbliche Vorstand der Gemeinde soll gehalten sein, die in dieser Art zubereiteten Speisen durch seine eigenen Leute in die Krankenanstalt bringen und daselst vertheilen zu lassen.

Die Beistellung der Verköstigung hat täglich

a) Früh um 7 Uhr, b) Mittags um 12 Uhr, c) Abends um 7 Uhr regelmässig und pünktlich zu erfolgen.

3. Die Speisen und das Gebäck müssen nicht nur geniessbar und gut, sondern auch kräftig, rein und nach ärztlicher Vorschrift zubereitet sein, wesshalb der Spitalsverwaltung das Recht zusteht, ungeniessbare oder unreine oder aber minder kräftig zubereitete Speisen unbedingt zurückzuweisen, die Verbesserung derselben oder auch nach Umständen die Bereitung neuer Speisen und Gebäcksgattungen von vollkommen entsprechender Beschaffenheit zu verlangen, und soll der löbliche Vorstand der Gemeinde gehalten sein, dieser Aufforderung unverweilt nachzukommen, widrigens die k. k. Spitalsverwaltung berechtigt sein soll, die Beistellung geniessbarer Speisegattungen, nach Umständen die gänzliche Ausspeisung auf Gefahr und Kosten der Gemeinde anderweitig besorgen zu lassen.

4. Der löbliche Vorstand der Gemeinde soll verpflichtet sein, die ihr von der Spitalsverwaltung zur Reinigung übergebenen Leib-, Bett- und sonstige Wäschstücke in der empfangenen Anzahl und Gattung in ganz reinem und trockenem Zustande innerhalb des von der Spitalsverwaltung bestimmten Zeitraumes an dieselbe wieder abzuliefern, sowie auch die durch ihr Verschulden in Verlust gerathenen oder im Waschen verdorbenen und unbrauchbar gewordenen Wäschstücke durch andere Wäschstücke gleicher Qualität und Gattung zu ersetzen.

Die Beleuchtung und Beheizung, dann die Hausesreinigung hat in dem von der k. k. Spitalsverwaltung jeweilig angeordnetem Maasse und Umfange zu erfolgen, zur Nachfüllung der Strohsäcke darf nur neues trockenes, gutes, nicht dumpfiges Kornstroh verwendet werden, und die Nachfüllung oder Füllung der Strohsäcke hat in der Art zu geschehen, dass jeder gefüllte Strohsack ein Gewicht von mindestens 45 Pfund repräsentire, und es soll die Spitalsverwaltung berechtigt sein, auch diese von der Gemeinde übernommenen Leistungen entweder im Ganzen oder theilweise auf Gefahr und Kosten derselben anderweitig besorgen zu lassen, wenn der in dieser Richtung übernommenen Verpflichtung nicht, oder nicht entsprechend nachgekommen werden sollte.

5. Dem löblichen Vorstande der Gemeinde wird, nachdem die Vergütung für die Gesammtverpflegung nach dem Massstabe der verpflegten Köpfeanzahl geleistet werden will, die Zahl der täglich zu verpflegenden Köpfe, dann jene der etwa benöthigten Eier (im rohen Zustande) durch die Spitalsverwaltung mittelst besonderer Anweisungen bekannt gegeben, und letztere regelmässig im Laufe des vorhergehenden Tages bis längstens 4 Uhr Nachmittags zugestellt werden.

6. Die löbliche Gemeinderepräsentanz ist berechtigt, die Vergütung für die beigestellte Gesammtverpflegung wöchentlich zu fordern, und es wird derselben solche gegen die von ihr eingebrachten mit den sub 5 erwähnten Anweisungen belegten Rechnungen und gegen klassenmässig gestempelte Quittung bei der k. k. Spitalsverwaltung geleistet werden.

7. Es wird der löbliche Vorstand der Gemeinde aufgefordert, die bestimmte Erklärung abzugeben, um welche Preise sie

a) die Gesammtverpflegung für eine zum Anspruche auf dieselbe berechtigte einzelne Person beziehungsweise pr. Kopf,

b) die Verabfolgung der benöthigten Eier, und zwar pr. Stück zu übernehmen geneigt ist.

Nach Bekanntgebung dieser Bedingungen erklärt der löbliche Vorstand der Gemeinde die Gesammtverpflegung der in dem Militärspitale untergebrachten Kranken und des Wartpersonales unter genauer Einhaltung dieser Bedingungen gegen eine tägliche Vergütung von . . kr. ö. W. zu übernehmen und es fordert dieselbe für die Beistellung eines Eies . . kr. ö. W.

Bezüglich der Giltigkeit dieses Vertrages wurde gegenseitig bedungen und zugestanden, dass solche mit heutigem Tage, und zwar nach Fertigung dieses Protokolles zu beginnen, und bis zum Zeitpunkte der gänzlichen Auflassung des daselbst etablirten Militärspitales anzudauern habe und soll der löbliche Gemeindevorstand zur Kündigung dieses Vertrages vor dem Eintritt dieses Zeitpunktes nicht berechtigt sein.

Die gefertigte k. k. Sanitätskommission findet sich bestimmt, auf die von dem löblichen Vorstande der Gemeinde in Antrag gebrachten Vergütungspreise einzugehen.

Sofort wurde das Protokoll mit dem Bemerken geschlossen, dass die von der Gemeinde übernommene Bestellung der Gesammtverpflegung in dem daselbst etablirten Militärspitale vom Tage der Uebernahme des Letzteren in die Zivilregie zu beginnen hat.

Die Unterzeichneten.

XXIII

Zur Berichtigung der Angaben des Herrn v. Langenbeck in den Betreff der Verhältnisse bei Gefangennahme des Herrn Dr. Friedländer.

Tarnow, am 8. April 1867.

Euer Hochwohlgeboren!
Herr Hofrath!

Ich habe in der allgemeinen medizinischen Zeitung einen Aufsatz Langenbeck's contra Dumreicher gelesen, in dem Herr v. Langenbeck sagt: Nach dem Gefechte bei Oswiecim erhielt Dr. Friedländer von dem Kommandeur seines Regimentes den Befehl, bei den verwundeten Oesterreichern in dem Dorfe Plawy zurückzubleiben und ihnen den ärztlichen Beistand zu leisten. „Das ist offenbar unrichtig", denn ich gehöre dem 4. Bataillon des 57. Inft.-Reg. an, welches die Haupttruppe war, und den Bahnhof vertheidigte. Wir hatten während des vier Stunden dauernden Gefechtes nicht einen Mann in Plawy, indem dieser Ort von uns durch das Stollberg'sche Korps getrennt war. Von unseren 62 Verwundeten wurde kein Mann von einem preussischen Arzte, sondern der grösste Theil von mir verbunden. Gefangen haben die Preussen von uns nur einen Gefreiten und der war nicht blessirt. Wie hätte der preussische Kommandant zur Idee kommen können, Herrn Dr. Friedländer bei den österreichischen Verwundeten zurückzulassen? Die Preussen hatten über 300 Verwundete und konnten nicht alle fortbringen, ich habe selbst einen Mann von einem schlesischen Landwehr-Regiment (Franz Neumann) mit Schussfraktur im linken Oberschenkel, und einen zweiten vom Landwehr-Uhlanen-Regimente verbunden, die beide in der Nacht in Oswiecim verschieden. Herr Dr. Friedländer hat in Plawy verwundete Preussen verbunden, und wurde, indem er sich um den Fortgang des Gefechtes nicht kümmern konnte und weil er den Befehl hatte, bei seinen Verwundeten zu bleiben, von Bauern gefangen, wie die Preussen viele unserer Aerzte gefangen haben, von welchen sie wegen des Nichtbeitrittes zur Genfer-Konvention das Recht hatten, für ihre eigenen Kranken Dienste zu verlangen. Nachdem ich sah, dass das, was Professor v. Langenbeck in dem angeführten Punkte sagt, kein Evangelium ist, dachte ich, es wird in vielen anderen Dingen auch so sein, und vielleicht kann der Herr Hofrath von Dumreicher diesen Sachverhalt in seiner Entgegnung benützen, aus diesem einfachen Grunde bin ich so frei an Euer Hochwohlgeboren zu schreiben, und so zeichne ich mich mit aller Hochachtung

dero ergebenster Diener

Wenzel Morgenstern,
k. k. Ober-Wundarzt.

Druckfehler.

Seite 3 Zeile 7 von unten statt Standesaussprüche lies: Standesansprüche.
Seite 11 Zeile 6 von oben statt vom erdfahlen lies: von erdfahlem.
Seite 21 Zeile 2 von unten statt um lies: und.
Seite 21 letzte Zeile statt und lies: um.
Seite 22 Zeile 20 statt ausgesprochenen lies: ausgesprochene.
Seite 29 Zeile 2 von unten statt zurückkomme lies: darauf zurückkomme.
Seite VIII erste Zeile statt mögliche schmutzige lies: möglichen, schmutzigen.